세르반테스의
기막힌 연서(戀書)

세르반테스의 기막힌 연서(戀書)

2021년 1월 5일 초판 발행
2021년 1월 5일 초판 1쇄
2025년 4월 8일 초판 2쇄

지은이   김태완

발행인   서명수
발행처   서고
인 쇄   한국학술정보㈜

주 소   (36744)경상북도 안동시 공단로 48
전 화   054-856-2177
F a x   054-856-2178
E-mail   diderot@naver.com

ISBN   979-11-960696-5-0(03810)

*잘못 만들어진 책은 교환해드립니다

세르반테스의 기막힌 연서(戀書)

김태완 시집

서고

시인 김태완은 1970년 분지(盆地)산. 경북대 시절 문학서클 '복현문우회'가 시를 가르쳤다. 1996년 〈대구일보 문학상〉 시부문에서 '김홍도와 떠나는 가을여행'(심사 신경림), 2017년 〈시문학〉에서 '바다 복사기'(심사 심상운 外)로 등단했다.

김태완의 시는 이야기꾼이 풀어놓은 재담의 2000년대적인 시적 버전이라고 할 수 있다. 줄줄줄 말하고 있는 듯이 보이게 쓰는 것은, 그리고 유머와 슬픔을 버무려 개성적인 목소리를 만들어내는 것은 상당한 내공을 필요로 한다. 그러한 내공을 엿보았으므로 그의 작업이 한 세계를 이룰 것이라 기대를 해볼 만하다.

自序

20대,
그리운 범어4동 267-60번지, 삐삐번호는 뭐였더라?
30대,
매일 오전 6시 잠 덜 깬 마포대교 건너 여의도 정글의 기자실로
출근했다.
40대,
인도네시아에서 만난 슬픔이 나를 변화시켰다.
지금,
돌아보면 내가 만난 모든 이가 시인이었다.

그리하여 다시 마주한 프로스트의 한 줄
'노란 숲 속에 길이 두 갈래 갈라져 있었습니다.'
나의 답
다시 이 길을 택하겠습니다. (어디쯤 가고 있을까.)

목차

제1부
세르반테스의
기막힌 연서(戀書)

공무원	012
법정에 관한 보고 ― 판결문 낭독	013
법정에 관한 보고 ― 심판의 날에	015
법정에 관한 보고 ― 제분업자의 구약(舊約)시대	017
edge of tomorrow ― 역참 풍경	018
소공자	019
pm 12:03:30 어느 날 구름의 문양	021
세르반테스의 기막힌 연서(戀書)	022
비문의 역사 - 페미니즘의 기원	024
수궁가, 그 노래는 점점 노골적인 힙합이 되었다	027
서유기, 당신께 가는 길은 밀교와 같다	028
천 냥 빚 갚을 혀가 아니라면 억지 미소라도	029
귀지 후비시는 천추태후께 ― 40대론	030
골난 화요일 떼구루루 통통 또르르르	031
바오로 서간, 뭉크처럼 굽이치며	032
730자 남짓한 자전소설	033
유랑극단의 동물경영학	035
진한 연필에 관한 감정 보고(報告) ― 시작(詩作)노트	036
삐리리 섬에서의 어촌 체험 프로그램	037
금천희망고시원	041
크리스마스 캐럴	042
트루먼 쇼	044
천년 묵은 방귀를 쏴라	047
두방망이질 ― 그리운 선생님께	049
상가에 모인 구두들 ― 장인어른을 추억하며	050
마흔에 보내는 끝장 편지	051

목차

**제2부
춘향 열녀문
프로젝트**

가을, 사랑	054
김홍도와 떠나는 가을여행	055
떡 하나 주면 다 잡아먹지	056
민화 박물관 — 강원도 영월군 김삿갓면 432-10	058
춘향 열녀문 프로젝트 — 한국 공무원 노조 태동기 연구	060
장구잽이 굿소리	065
경주, 김동리를 읽다	067

**제3부
취재수첩**

기사작성론	070
대령연합회 구국집회	072
덕지리 이장의 충고	073
동물농장의 혈투	074
마감뉴스, 알바니아 하사와 마추픽추	077
문장론	081
부음 담당 기자	083
조서와 시집	084
중국 쓰촨성 고분군 취재기	086
어느 신문의 날에	089
나는 커서 무엇이 될까요?	090

목차

제4부
바다 복사기

겨울, 러시아 난장 읽기의 괴로움	098
바다 복사기	100
명작 소설 — 미국으로 입양 가는 은영이에게	101
내셔널지오그래픽	102
동에 번쩍 서해 번쩍	103
15소년 표류기	104
꿈꾸는 섬, 라퓨타를 찾아서 — 사춘기 딸들에게	106
나는 반달곰이로소이다 — 사춘기	109
백설 할멈과 야근조 난쟁이들	110

시인 고백 / 나의 시 쓰기	111

분지(盆地), 교리문답 애송이, 굶주림,
초 한 자루의 불(火)

해설

해설 1 검정의 어둠 속에 승화된 상징적 고뇌	118
- 채린 시인	
해설 2 구수한 재담꾼의 말솜씨와 풍자	122
- 이희국 시인·한국비평가협회 이사	

제1부

세르반테스의 기막힌 연서(戀書)

그것은 진정한 기사의 임무이자 의무.
아니! 의무가 아니라, 특권이노라.

불가능한 꿈을 꾸는 것.
무적의 적수를 이기며,
견딜 수 없는 고통을 견디고
고귀한 이상을 위해 죽는 것.
잘못을 고칠 줄 알며,
순수함과 선의로 사랑하는 것.
불가능한 꿈속에서 사랑에 빠지고,
믿음을 갖고, 별에 닿는 것.

- 세르반테스의 소설 《돈키호테》 중에서

공무원

아마 멱살 잡히지 않게 목을 접었다
혹시 눈치를 보며 도덕적 본능을 물어뜯었다
설마 목구멍에 타락한 추를 얹듯
음성이 탁해졌다
접이식 의자에 앉아
깜빡 졸 때도 팔짱을 꼈다
손목시계가 유난히 컸다

관가 주변엔 4월의 홍어 냄새가
진동했다 영화 〈마부(馬夫)〉의 장남도 한때
고시생이었다 장남은 이웃집 식모와 사랑에 빠질
운명이었다 도시락에선 일개미가 스멀
스멀 기어 다녔다 양복 주머니엔
이기적인 금연초가 가득했다 오늘은
퇴근길 두 정거장 앞에서
내렸다 집으로 돌아와 허둥지둥 뉴스부터 켰다
껐다

올해는 혼자서 성묘를 다녀왔다

세르반테스의
기막힌 연서(戀書)

법정에 관한 보고(報告)
- 판결문 낭독

판사가 들어서자 입회인들은 기어코
기절했다 아무도
죄 앞에 기립할 수
없었다 늙은 청경이 누군가의 목덜미를
낚아챘다 법정은 가축시장
으르렁거리거나 뭉개진 비명이
그칠 무렵 판결문 낭독이

시작됐다 처음부터 피고인의 귀가
먹었다 검사와 피고 모두
목이 쉬었지만
판사는 누가 악당인지
관심이 없었다 저 놈이면 족하다며
오른손 엄지를 거꾸로 세웠다
올렸다 청경들이 일제히
곤봉을 들었다
내렸다 인간에겐 한 벌의 양심도
없다는 대목에 이르렀을 때
드러누워 기절한 이들도 한 번 더 몸을
떨었다 희번덕 흰자위가 불타고

있었다 판사는 혼잣말로
정말 수치를 모르는 사람들이군!
하더니 낭독을
마쳤다 반쯤 내려쓴
판사의 돋보기 흰자위가
이글대고 있었다

세르반테스의
기막힌 연서(戀書)

법정에 관한 보고
- 심판의 날에

그날 아무도 법복을 벗지 않았다

판결봉을 방패삼아 막고 섰지만
달려드는 잡범들의 절망을 막을 수
없었다 멀리서 누가 본다면
남녀가 엉켜 뒹군다고 할
것이다 흥분 때문인지
눈에 실핏줄이

흘러내렸다 볼기짝을 일곱 번씩 일흔 번이라도
맞겠다며 사방에서 줄레줄레 밀려드는 몸부림,
얼기설기 구멍 난 몸으로
진흙을 이겨 바른 양심을 입고
있었다 완력을 자랑하려는지 보릿대 꺾듯
손가락 관절을 꺾어 우두둑
부러진 죄의 마디가 법정 바닥에

떨어졌다 맹세코 하늘에 죄 지었다며
막돼먹었다는 증거로
파랗게 질린 얼굴
매혈꾼처럼 내밀었다
누구도 이 불행을 막을 수 없다면
최후의 일격을 선고하라

울부짖었다 몇몇 판사들은 형량을 남발했으나 소용
없었다 그 정도의 고통은 눈도 깜짝 안 한다며
법대(法臺)에 머리를
찧었다 남의 죄 셈을 쳐서 사거나
훔쳐서라도 벌 받겠다며 고집을

부렸다 결코 복종하려 않는다는 걸 알고
있었다 판사들은 유언장 사본을 증거로 요구했으나
소용 없었다 갈고리 손 내밀어 법복을

잡아당겼다 그날
누구도 진창 같은 법복을 벗지
않았다 멀리서 누가 본다면
지옥이 엉켜 뒹군다고 할
것이다

법정에 관한 보고
- 제분업자의 구약(舊約)시대

살기 위해 밀가루를 덮어
썼다 하얗게 질린 마름모꼴 표정이 가루에
번졌다 소극(笑劇)하듯 주름이 더 깊이
패였다 집으로 가는 길에 흰 발자국이

어지러웠다 세상은 제분업자들의 공장,
밀가루 덮어쓰면 누구나 악의가
드러났다 땅딸막한 건물마다 밀가루가
날아다녔다 빗장 지르고 말소리
죽였다 습지동물의 울음처럼 다른 언어로
들렸다 가루에 숨으면 오래된 내력도
냄새도 나지

않았다 곤죽이 된 나침반 세우려
허연 분칠한 사람이 걷거나
달리다가 속절없이 길에
드러누웠다 곤경에 빠지거나 빠뜨린 것 사이에
너무 작은 콧구멍이 말라

있었다 구약처럼 재를 덮어쓰던 시절
이었다

edge of tomorrow
- 역참 풍경

슬픔은 영리해지는 법이다
말은 교묘하고 끈질기게 전령의 미움을
샀다 길바닥에 드러누워 개 짖는 소리를

냈다 법원 등기물 실은 우편마차가 한 달째 시간을
허비했다 보안관은 매일 마을사제를
찾았다 사제는 그의 기도에 시시콜콜 지침을

내렸다 지루한 마부들의 실랑이
곧이어 문짝만한 주먹이 오가고
앞니에서 열쇠꾸러미 소리가

났다 저녁마다 총잡이들이 어두운 눈빛을
교환했다 허공에 총을
쏘고 본능적으로 두 대의 마차가 마주보며

달려왔다 채찍에 말들은
무자비하게 마구를
덮어썼다 말발굽 박하사탕
물고서

세르반테스의
기막힌 연서(戀書)

소공자

공자의 키가 작다는 생각에
빠져버렸다 유감스럽게도 중국에 한 번도 간 적이
없다 교회 부설학교에 근무하며 신과 멀어지는 법을
배웠다 유일한 낙은 사탕수수 언덕을 거니는 상상에 빠지는
것이었다 방학이면 혀가 꼬이도록 성경을
읽었다 입술이 거멓게
타버렸다 자꾸
깨어나는 얕은 잠 탓에 그리워할 일이
많았다 아무리 기다려도 키가 자라지
않았다 기다려도 공자 같은 가슴 넓은 생부도
가슴 큰 계모도 오지
않았다 철마다 손으로 기운 양말이 배달됐지만
누가 보냈는지 알 수
없었다 양말에 기워진 성경 구절이 무얼 의미하는
걸까 한때 구부러져야 한다는 계급의식에
빠졌다 진짜 공자가 별안간 찾아올 때 놀라 까무러치는 낙법을
배웠다 양젖을 짜고 암소의 등을 긁어주던 안내서를 옮겨
적었다 어느덧 젖가슴이 생겨나기
시작했다 내 계획에 들어 있지
않았지만 통통 분 녀석을 두 손으로
짜곤 했다 오른손으로 꾹 누르자 불덩이가 된 고열의 밤이
흘러나왔다 왼손에선 알아들을 수 없는 네발 달린 토막말이
쏟아졌다 나는 더없이 진지했지만 더는 키가 클 가망이 없다는 사실을
깨달았다 그날 밤, 내 키의 전부인 공자를 주섬주섬

그러모았다 키 작은 가장 밑바닥에 도달한 것이 무언지 알고 싶지 않았다

소공자, 내 이름값을 하고 싶었다

pm 12:03:30 어느 날 구름의 문양

　불운을 과장한 상사가 어깨를 떠민다 부대원들은 침착했으나 입술은 파랗게 질렸다 운명이란 이런 문양으로 전환되기 마련이다 보병이 기어갈 수 없는 협곡, 매출 목표가 야영하기 힘든 아침이 저물고 있다 그는 운명을 믿지 않기로 한다

　수많은 탄피가 나자빠져 있다 실업자 철모는 이십 리에 걸쳐 우왕좌왕하고 있다 청춘 포차의 굴대가 부서졌다 팔(八)자 수염 사령관은 망원경으로 움푹 파인 지평선 끝을 손짓한다 풋내기 신병들이 수류탄 도시락을 던지며 손짓한 쪽을 향한다 운명이 손짓에 걸려있다

　포탄먼지 뒤집어쓴 구름이 몰려온다 4분기 매혈보고서가 도시와 빌딩을 뒤덮는다 퇴각 명령과 함께 빗줄기가 거세다 뇌성이 구호를 외치며 궤짝 빌딩을 패대기친다 운명이 바들바들 떤다

세르반테스의 기막힌 연서(戀書)

타락하기 딱 좋은 소동,
풍차를 가로세로 바람 치수로 재겠다고 덤벼든다
누구에게나 젊음은 가혹하다
타이를수록 거꾸로 내닫는 법이다
저는 제 힘을 과신하였나이다

소문이란 불행한 사건보다 훨씬 더 거슬러 간다
무성하지만 검증된 것 하나 없이
패배를 알리는 나팔소리가 몇 년째 따라 다닌다
수신을 거부하는 똥 배짱
내 세계에 빠져 사는 것이 행복하다

사실 너무나 모른다
넌 누구냐
고 당신이 물으셔도
저는 아무 것도 모릅니다 그저 교리문답 애송이
소모전에 적합한 병사니까

풍차는 감시탑의 탐조등을 닮았다
철조망 개들이 지키는 녹슨 바람개비
잔뼈가 굵은 하사관도
망루의 위병도 잠들 수 없다
헌신은 피차 간 미치게 만드는 법이다

풍차는 활활 백설기 같은 불덩이를 돌린다

세르반테스의
기막힌 연서(戀書)

가끔 높다란 창을 버리고
불덩이와 마주하기 위해 눈을
가려야 한다 백배는 더 엄히
다뤄질 줄 알면서 탐조등 아래 엎디어 청한다
허리춤 철그렁대는 열쇠꾸러미처럼
반들반들 닳은
탄내 나는 기도문 외운다

저를 바람 앞에 던지셨나이다
절망 속에 내치셨나이다

밤마다 철조망이 늘어진 곳까지 뛰어가
바람으로 가로세로 행간 씻기고
여기저기 앙다문 쉼표 닦고 조이며 다시
진흙이 묻은 문장 한 줄
기도 전체를 싸맨다

그리하여 지독한 공복으로
지난번 풍차 옆구리를 찔렀을 때보다
성난 개들에게 발가벗겨질 때보다
더 기막힌 연서(戀書)를 완성하게 된다면

비문의 역사
– 페미니즘의 기원

碑文 과 口碑 문학
역사는 비문이 필요했다
남자의 갈빗대는 풀리지 않는 비문의 형상을 타고 났다
구약 시대부터 암수 신비를 캐내려
원주율과 별자리까지 뒤졌으나
요령부득이었다
구비문학의 기원이 모호한 것도
그런 까닭이다

뜨개질 碑文
시종의 뜨개질 책이
모든 여자의 교본이 된 적이 있었다
여자들은
뜨개질 코를 안 빠뜨리려 목숨을 걸었다
놀라워라, 암컷의 성질이 까다롭다는
진화론적 예언은 간단히
뜨개질로 증명되었다
세월이 흘러
뜻밖에도 남자가 성 전환을 시작했다
여장남자는 갈빗대와 뜨개질식(式) 배란주기를 학습하며
함부로 암내를 풍겼다
이 전환의 시대에 답하기 위해
착한 사제는 머리를 쥐어뜯었다
사실 놀랄 것도 없다
성령은 모성적 치유를 경배하니

秘文 卑文

엄마도 한때 여자였다!
남의 암컷을 여자로 가로채는 짐승의 시간이
인류 전쟁사에 집약되었다
불알 두 쪽들은 서로 귀두를 잡고
갈빗대 장칼을 흔들었다
여자는 수컷의 개죽음을
뜨개질로 기웠다 그 무렵
비명횡사한 배다른 장자의 이름을
비밀스레 옮겨 쓴 비문이 등장했다

늙은 교부들은 죽은 비문의 서체를 기억하려
수도원의 은자가 되었다
회개와 몸 낮춘 글로
신의 화덕을 끌어안았다

갈빗대 碑文

여자는 화덕의 도면이
갈빗대 비문으로 해석될 수 있음을 알아차렸다
뜨개질에는
암컷의 역설이요 반전이라는
궤적이 얼룩져 있었다

여자는 엄마의 자궁에서
갈빗대를 뜯어냈다 어디선가 여자의 몸에서
장막 찢어지는 소리가 들렸다

나는 누구일까 어디서부터 잘못된 것일까

여자는 일부러 뜨개질 코를 빠뜨리고
외마디 대바늘을 부러뜨렸다
그 무렵 수컷이 오들오들 떨기 시작했다

세르반테스의
기막힌 연서(戀書)

수궁가, 그 노래는 점점
노골적인 힙합이 되었다

시편을 읽다 잠이 들었다 밤새 달귀진 입이 녹아 내렸다 토끼굴에는 입 없는 토끼가 금속성 노래를 불렀다 오래 비워두었던 간이 곡(哭)을 했다 착한 소리를 내고 싶었다 마음이 슬퍼져 후렴구를 반복했다 전능하신 아버지는 눈살을 찌푸리실까 알 수 없었다

상처를 시편으로 싸맸다는 이야기를 듣고 싶었다 가끔 달의 천문학에서 절굿공이 떨어져 지구가 곤죽이 된다는 사실을 잊어버렸다 분노하심으로, 고개를 들 수 없었다 그저 재를 덮어쓰며 우리 원수들이 서로 비웃나이다[1]

저녁을 먹다가 울음바다가 되었다 숟가락 장단이 추상적으로 들렸다 죄인의 노래는 울림이 없다는 사실을 뒤늦게 깨달았다 몸부림치며 강경한 욕망을 달랬다 노래는 점점 노골적인 힙합이 되었다

간 적출기를 수궁가로 바꿔보았다 그 대목에선 개종 이야기만 되풀이 했다 주여 원수들이 비웃나이다 사실 코가 아려 더는 부를 수 없었다 멍든 간의 장애를 숨길 수 없었다 그래봤자였다 교회력의 사순절이 아니어도 재를 썼다

울다가 조금 있다 또 울었다 문득 서정시로는 안 된다고 생각이 들었다 말의 발화가 꿈틀대기 시작했다 간을 지우고 쓸개를 버렸다 그러다 다시 시편을 꺼내 읽다 잠이 들었다 남생이가 되지 않기로 결심한 날이었다

---

[1] 시편 80장 6절

서유기, 당신께 가는 길은 밀교와 같아

　무서운 마누라가 속이 상해 길길이 날 뛴다 쯧쯧 혀를 차며 이것저것 섞어 끓인 갱죽, 식탁 위에 탕! 올려놓는다 기세에 눌려 중얼중얼 밥상머리 기도문을 왼다 마흔 살은 "변해"라고 외치지 않아도 대머리 원숭이가 될 수밖에 없는 나이다

　삼장법사님! 할 말은 많지만 법정 소란을 막기 위해 이만 줄이겠습니다요 나이 들수록 저는 매우 천한 놈이란 걸 알았습죠 어중이떠중이 바보 금치산자로 불러도 할 말이 없습죠

　털을 뽑아 혹 불어도 나 같은 놈만 지겹게 나온다 이런 엉터리에 지쳐 팔세새끼 사오정도 빠이빠이 떠나갔다 10층 주름 7000근 뱃살 입고도 걸신들린 듯 배가 고파 부들부들 꽥꽥 고꾸라진다

　정말 지금 상황에 진절머리 납니다 인생이란 때리고 겁을 줘도 뱀대가리 마냥 달려드니 웬일인지 모르겠어요 가난이란 놈이 얼마나 지독한지 글쎄, 손님이 자리뜨기 무섭게 빈 테이블로 달려가 남은 음식 죄다 먹어치운다니까요

　가죽 포대에 꽁꽁 묶여 들보에 매달린 채 살려달라 살고싶다 징징댄다 털 뽑는 시늉하며 위협해도 웬 낯도깨비 같은 놈이냐고 상대하지 않는다 더는 환상도 속임수도 없는 야생의 이력뿐

　법사님! 당신께 가는 길은 밀교와 같아 땅바닥 데굴데굴 구르다 통곡하고 말테지만 매일 머리털 겨털까지 뽑아 수천 마리 원숭이 날려 보내요

세르반테스의
기막힌 연서(戀書)

천 냥 빚 갚을 혀가 아니라면
억지 미소라도

두 눈엔 지글지글한 공포가 서린 채 글러브를 휘둘렀다 어둑한 계단에서 더듬는 입맞춤처럼 혀를 깨물고서 달려들었다 저 비대하고 버르장머리 없는 놈을

주먹이 녀석의 명치에 꽂혔을 때 조류 사냥꾼과 같은 인내도 가난도 끝이라고 대뇌었다 신께 드릴 공양을 지키며 오랜 과오를 의무로 채우겠노라 외치며

녀석은 운이 좋았던 거다 거칠게 한숨 쉬더니 다시 일어나 비비적 엉기적 다가와 내게 주먹을 휘둘렀다 모두 놀란 듯 한순간 잠잠하더니

나는 괜찮았다 그저 코가 주저앉았을 뿐… 어느 새 비스듬히 코너에 앉아 있었다 벌겋게 부운 얼굴로 주저앉기를 반복하더니

체중실린 육두문자 막돼먹게 휘두르며 일어섰다 부루퉁한 관중들은 천 냥 빚 갚을 혀가 아니라면 억지 미소라도 지으라며

그놈의 심판이 거꾸로 카운트를 셀 동안 나의 억지 미소는 점점 달콤해져갔다 관중들은 손수건 휘두르며 야유를 쏟아냈다

귀지 후비시는 천추태후께
- 40대론

  일단 하느님의 가호가 있으시기를

  태후마마께서는 왼손으로 밥솥 고삐 잡으시고 오른손에 집문서 펼치시어 쾌활한 환청에 귀지 후비시곤 제발 권태로운 모습 보이서야지요 당신보다 열등한 사람이 당신을 기쁘게 하려 애쓰는 꼴 좀 보세요

  저런! 섭정을 하시느니 차라리 회반죽 개는 일이 어떠신지, 그저 종부의 원리에 대한 성무일도 책이나 읽으시면 딱이옵니다 혹은 잔소리 대신(大臣)에게 루이 15세 시절 유행하던 카바레 문학 탐하라 명하시고 필사본 연애 서한집만 골라 번호 매겨 읽으라하심이

  누가 마마께서 알루미늄 공장장 따님으로 알겠나이까 한때 교복 블라우스 휘날리며 뚝방의 전설 되시던 마마를, 하여 죽 끓는 변덕으로 가뜩이나 보잘 것 없는 반합(半給)짜리 남편을 더욱 졸로 보시오나 매일 변기솔로 청소하는 부지런함을 굽어 살피소서

  하오니 제발 음울한 사내를 탄핵하지 마읍시며 놋요강에 맞고도 울지 않는 늠름함 떠올리소서 여기 정액 담은 사발, 랩 씌워 받치옵느니

세르반테스의
기막힌 연서(戀書)

골난 화요일 떼구루루 통통 또르르르

 아무도 없을 때보다 누가 있으면 더 약해졌다 변명의 여지없는 내 실수였다는 말을 연발했다 누군가 달아오른 내 매부리코를 젓가락으로 가리키며 말했다 넌 시세에 따라 부위별로 잘려나가야 했어! 막 시각을 알리는 괘종이 으르렁거리며 쥐어박듯 소리 질렀다 가슴팍에서 동전 쏟아지는 소리가 비칠대며 떼구루루 통통 또르르르 굴렀다 그 소리는 자꾸 내 불행을 연장시키는 것 같아 화가 났다 설마 날 속이는 건 아니겠지? 절대 그런 일없다구요 죄수번호 같은 숫자를 여기저기 눌러 밤새도록 수화기에다 욕을 하고도 분에 차지 않아 마구 손뼉볼기를 쳤다 그리곤 이불 덮어 쓰고 골났다는 말을 수십 번도 더했다

바오로 서간, 뭉크처럼 굽이치며

　새들이 테살로니카를 먹어 치웠어요 살던 사람이랑 집이며 유리창처럼 반짝이던 기억도 댕가당 바스러졌어요 식탁 아래 숨죽여 간증하던 사람들 벌건 부젓가락으로 눈을 찔렀죠 위령성월이 되면 새떼들이 지린 자리마다 발자국 벌떡 일어나 달아나기 시작했어요 자전하던 새들 촛농 떨구듯 내려와 뒤쫓는 밤이면 숲은 초록 벨벳 쓰고 귀를 막았어요 에페소, 갈라티아, 콜로새로 이어진 길들, 뭉크처럼 굽이치며 사랑한다 울부짖던 기억이 꿈만 같아요

　잰걸음으로 바삐 떠났던 사도(使徒)는 엉겁결에 칼을 휘둘렀어요 서로를 몰라본 제자들, 번쩍번쩍 칼을 벼리며 엉겨 붙었죠 거세당한 돼지처럼 고통에 버둥거렸지만 어쩔 수 없었어요 해질녘까지 베어진 쓰러진 넘어진 기억 죄다 불러내 그림자 발목에 매달았어요 등에 칼찬 이교도가 날아와 발목 죄다 자를 때까지…

　무너진 성(城)터, 증발하지 않은 기억이 그리워질 무렵 당신이 성큼성큼 걸어와요 자코메티처럼 철커덕철커덕 정강이뼈 부딪는 소리 좀 들어 보세요 두루마리 수염 휘날리며 긴 꼬챙이 쥐고 있어요 봉분처럼 엎딘 새똥 파헤쳐 아직도 썩지 않은 테살로니카를 뒤져요 코를 킁킁 거리며

730자 남짓한 자전소설

그 놈은 내 말을 듣지
않았다 점잖게 말해 안
되겠다며 고주망태처럼 엉겨
붙었다 그리곤 맥없이 늘어져 한참이나 시간이

흘렀다 도무지 뭣 때문에 너 같은 놈을
만났지? 풍토병처럼 나를 갉아먹은 염병할 벌레!

라며 누구도 이 정도로 엉망이 될지 몰랐다
는 표정을 지었다
그 표정에 달라붙는 파리를 손으로
흩었다 무릇 파리는 거절당하는 데 익숙지 않아서
매번 흩어도 다시 찾아온다 돈에 쪼들린 사람처럼

흥! 이 무거운 장딴지나 내 허리에서 치우시지
걸핏하면 눈물이나 짜고 있을래?

울보는 종종 자신이 우는 이유를 알지
못한다 부차적인 이유에 쫓겨 타고난 직관이 무뎌진
것이다 그냥 마음 내킬 때까지 울다가
어리둥절해진다 덫에 걸린 일상처럼
나와의 서사적인 싸움은 다짜고짜 이런 식으로

계속됐다 어느 날 싸움 도중
주섬주섬 그러모은 상처 어딘가에

박혀 있던 돌멩이 하나가
빠졌다 나는 상처를 헤집고 그 구멍을

들여다보았다 그곳에는
목다리를 한 샴쌍둥이가 서로 엉킨 채 뺨을뜯어먹고있었다한쪽에선똥을갈기던아이들이납작한국자를들고다다다다다다닥입말굽소리로동냥냄비를두드리기시작했다

처음 몇 분 동안 한마디도 끼어들 수
없었다 내 안의 추악함에
소스라쳤다 자살로 보이는 사건이 살인으로
판명나듯 더러운 소매에 감춰둔 욕망과
궁지를 처음으로 본 것이다
내가 아는 한 이제껏
그런 나를 본 적이
없었다 그런 시사를 읽은 적이

없었다 구두코에 시선을 박은 채 갑자기
속에 있는 내용물을
게워냈다 내 오물에 경외심이 들기
시작했다 파리가 다시
날아들었다 이후로 흩지
않았다

세르반테스의
기막힌 연서(戀書)

유랑극단의 동물경영학

양철 지붕 매표소 앞
노인들의 호주머니에 백동전이
가득하다 극단 마차
다 풀지 못한 궤짝 위에서

단장은 불어터진 자장면처럼
더부룩한 눈빛을
보낸다 단원들이 엉금엉금 기어

간다 땀 많은 수사자
노동철학처럼 목에 젖은 수건을
둘렀다 몰약 마신 물개
종교학처럼 반짝이 가루를
뿜는다 곰은 인간학처럼 사다리에
숨어 채찍의 눈치를
살핀다 저마다 해독제가 든 마개를 틀고

싶다 화가 치미는 단장
단원들은 알아먹었다는 듯 이마를
찧는다 낙법을 배우기 위해선
일곱 번씩 일흔 번은 무너져야

한다 백동전 흩어진 점프 도약대
사자는 엉킨 털 핥으며
앞발에 찬 요령소리 따라
웃는다 단장은 자꾸
화가 나

진한 연필에 관한 감정 보고(報告)
- 시작(詩作)노트

 언제나 울 준비가 되어 있었다 층계참에 앉아 연필로 귀를 찔렀다 귀를 싸매면서 귀가 따갑게 듣던 타인의 충고를 돌려보낼 수 있었다 연필이 눈치 못 채게 에둘러 쓰는 버릇이 그때쯤 생겨났다

 사실 아무도 내게 관심을 갖지 않았다 그러니 감정을 추스를 필요가 없었다 그 편이 오히려 좋았다 그러나 쓸 때마다 사람이 변했다 더 약해졌다 감정이 모호해졌다 몽당해질 때까지 연필 귀를 깎았다 행복한 대목 죄다 들어냈다

 그 즈음, 연필심에 침을 바르기 시작했다 사각사각, 가방 메고 귀가하는 아이들의 연필처럼 표정을 살리고 싶었다 침 바르는 모습을 보고 누가 실망한대도 어쩔 수 없었다 나는 열세 살이 되고 열둘이 되고 싶었다

 연필이 발짝을 일으켰다 다짜고짜 검은 눈알을 찔렀다 나는 좀 더 진한 연필이 필요하다고 생각했다 가느다란 노트 줄과 빈칸의 조롱을 견디려면 검은 질량이 필요했다 절제는 감정의 문제가 아니었다

 저녁 지친 식탁에 앉았다 목구멍에서 연필이 올라왔다 등이 굽은 연필은 쌍놈의 구레나룻을 하고 있었다 나는 킥킥거리기 시작했다

세르반테스의
기막힌 연서(戀書)

삐리리 섬에서의 어촌 체험 프로그램

다들 삐리리 섬으로 떠나자
곰팡이 탈탈 턴 속옷 몇 벌 챙겨
단봇짐 꾸리면 준비 끝!
명찰엔 삐리리라고 적으면 되고
오다가다 휴게소에 불시착해 호두알 까다가
그마저도 심심해지면 비바람이 치는 바다
딩가딩가 부르고 삼육구삼육구를 때리지
버스가 선착장에 도착할 무렵
구력을 알 수 없는 엔진 달달 떠는 통통배가 보이지
와! 배다, 하기에 너무 초라해 입을 다물지
다들 후다닥 탈 생각은 않고 뭉그적뭉그적
이봐, 뭘 꾸물거려!
출발 신호가 떨어진 뒤에야 달려가
구명조끼 달랑 입고 넘실넘실 오르지

통통배는 심사가 불편한지
바다 한가운데서 몇 번이나 시동이 꺼지고
그렇게 표류하다 낮에 먹은 호두알이 갑판 위로 구르지
저 멀리 멸치잡이 배가 보이고
간혹 길 잃은 바다물개 출몰하는 광경도 보게 되지
물결 잔잔해지면
기어드는 소리로 첫사랑 얘기하다 낯간지럽다는 듯 웃거나
번들번들 뺑기칠 한 추억 앞에 성냥불 확 긋지
주머니 속 동전 만지작 하듯 얼핏 잠이 드는데
내 인생 콩 시루에 실려 망망대해 떠다니는 꿈을 꾸지

갑자기 여자의 새된 목소리
니캉 내캉 지지고 볶고 살면 뭐가 어때서!
그러니까 입 닥치고 있어
하며 부젓가락 날아오고 프라이팬, 접시 공중부양 할 무렵
섬이다, 외치는 비명 비슷한 소리에 잠이 깨지
그러고 보니, 꾀죄죄한 섬이 보이긴 하는데
군데군데 파란 함석지붕 보이고
부러진 적송들 골난 시어미 표정으로 서 있지
멀리서 잡종견이 선착장으로 뛰어오고
배를 기다리는 워카 신은 땅꾼 셋
그 옆에 보살차림 뚱한 할매도 보이지
헛간이라 불러야 할 가옥 한쪽에
여장 풀면 본격적인 어촌 체험이 시작되지
평생 헤엄쳤다고 믿기에 너무 뱃살 튼실한
예순두 살 인어에게 새치름하게 물질 배우지
미역 건지거나 전복 따기도 하는데
배 타느라 진이 빠져서인지 눈빛이 시들시들

드디어 해가 지고 어둠이 정박하면
사람들은 시키지 않아도 바다가 보이는 폐교로 달려가지
그곳에서 초조한 기색으로 연방 부르르 몸 떠는
거대한 은하수 목도하지
잠시 후 밤바다와 별들 갈팡질팡
미쳐 길길이 날뛰는 길항의 법칙 발견하지
건방지게 굴지 마!

세르반테스의
기막힌 연서(戀書)

바다는 철썩철썩 볼기짝 치며 극렬 저항하고
별은 빛의 속도로 화포 쏘아대지
우왕좌왕 서로 부딪히고 뒤엉키는 바람에
삐리리 앞바다는 엉망이 되지
사람들도 난생 처음 겪는 일이라 거의 악을 쓰지
금방이라도 숨넘어갈 듯 기침하던 바다에
긴 꼬리 유성이 추락하며
뒤엉켜 주먹다짐 벌이지
3초에 한번 꼴로 끔찍한 소리 질러 대지
절레절레 도리질 치며
앞으로 뛰어나왔다가 물러나기 되풀이 하더니
둘 다 혀를 삼분의 이쯤 내밀고 헐떡대다 끝내 주저앉지
밤새 함석지붕이 날아가고 적송이 뽑히지
멸치 갈치 학꽁치가 뭍으로 뛰어들고
이무기가 승천하는 모습 봤다고 하지
몇몇은 심장이 콩닥콩닥 뛰고 혀끝이 뒤로 말려
뜬 눈으로 밤새거나 죽지 못해 아우성치지
잔별이 눈에 박혀 실명했다거나 넋을 놓아
지금도 섬 어딘가 숨어 산다는 소문도 들리지
여자들은 몽당치마 움켜쥐고 오줌 지리고
턱이 빠져 벌린 입 못 다물지

어느덧 고열과 환각증세 보이던 바다 위로
스멀스멀 여명이 비치면
하룻밤 장대했던 어촌 체험도 끝이 나지

사람들은 불면으로 발그레 충혈된 눈 닦으며
지글지글 불판 달아오르는 태양 바라보지
그리곤 허벅지 사정없이 꼬집고서 살아있음을,
살아야겠다고 다짐하지

세르반테스의
기막힌 연서(戀書)

금천희망고시원

그곳엔 민법총칙 형사법 같은 법전
찾을 수 없답니다 낙타표 고름치약
덜 씻은 헤벌레 칫솔, 책꽂이에 있어요

화장실 들려오는 쌀 씻는 저녁소리
작업복 까 내리고 흘리는 지린내가
오늘은 서로 못 본 척 신음소리 내지요

밥술이 법전이고 부처님 중간 토막
법공부 못 한다고 혼나는 일 없지만
법대로 하자는 말에 주먹 한 대 날려요

배고파 굶어죽을 바에야 양잿물도
마셔라 권하지요 오줌이 찔끔찔끔
뜻 모를 법문 잠꼬대 좔좔 철철 외우죠

법 모를 고시원은 거대한 생애(生涯)공장
아무도 밤샘 공부 하는 이 못 찾지만
모두들 인생 공부에 곤죽이 돼 잠들죠

크리스마스 캐럴

울면 안 돼

울면 안 되는 크리스마스/웃기 위해 비겁해지는 밤/누가 착한 앤지 나쁜 앤지 간증할 수 없는 날/하여, 세상이 웃는 아이들로 고아원 천지인 이브/여기 무기력한 민방위 산타는 아이들을 피해/동네 문방구 앞에서 종종 걸음친다/실직한 눈이 보조바퀴처럼 굴러와 뒤를 따른다/

눈발 날리는 과천/8번 정영순 기수와 무주적토마가 썰매를 탄다/웅웅대는 콧김 흘리며 사냥개 언 똥 들어먹듯/빨간코 루돌프의 불붙은 갈기다/10번 베리머치, 11번 은빛마을, 7번 오직나, 1번 치술령 연달아 제친 무주적토마/턱이 빠진 마권들이 샤라포바처럼 괴성 지른다/빠앙, 클랙슨까지/아이 무등 태운 산타들 온몸이 간지러운지 덩실 어깨춤 춘다/

하지만 웬 날벼락인가/전남 벌교 뻘밭이라도 지나나/한 바퀴 남겨두고 무주공산이 되었나/치술령에게 밀리더니 베리머치에게 자리 내주고/대문 활짝 열듯 풀썩 고꾸라져 사지 맥없이 늘인다/울면 안 되잖아/기수가 으르고 달래도 쏙독새 혼자 쏙독하듯 꼼짝 않는다/울며 불며 목을 죄고 발길질해도 들은 체 않는다/코에 불붙었다고 한 녀석이 아니던가/머리가, 눈물이 팽 돈 산타들이 일어서라고 서라고 서라/

세르반테스의
기막힌 연서(戀書)

울먼 안 돼

병든 마권 날리는 경마장 정류소/상처 입은 산타를 달래는 캐럴이 울린다/산타가 폭도로 돌변할지 몰라/웃는 아이 멱살 쥘지 몰라/두리번 요실금을 앓는다/짜증내거나 장난할 기분이 아닌 산타는/펑펑 쏟아지는 비릿한 눈 밟으며/오늘 밤에 안 오실 산타걱정이 가득하다/

잠든 밤/산타는 다 식은 군밤에게/율곡선생 한 장을 쥐어주고 비틀비틀/월남에서 돌아온 외팔이 아버지 산타처럼/초인종을 절뚝절뚝 밤새 누른다/

트루먼 쇼

촬영용 조명등 전시한 가게 돌아
가죽벨트, 지갑, 구두 잔뜩 달린
크리스마스트리 지난다
아침산책 나온 아줌마들이 목에 $120 $250 $300 태그 단
푸들 치와와 스패니얼 종 끌고서
신상 얘기 늘어 놓는다
그 옆으로 거대한 타란툴라 독거미가 날 잡수서 하듯
파충류 숍 윈도우 두드린다

그는 오늘도 CCTV 경비원에게 인사하고
변함없이 출근길에 오른다
꽃 같은 아내는 반드시 꿀 바른 마늘빵
바나나젤리 핑크소다로 아침상 차렸다
매일 광고판이 바뀌는 버스 안
10분마다 한 번씩 물약 꺼내 마시는 할머니
백미러로 힐긋힐긋 쳐다보는 운전기사와 눈이 마주친다
버스에서 만나는 두 여학생 중 하나는
어김없이 포장된 닭고기 꼬치 들고 있거나
광고로 도배된 무료신문 보고 있다

그는 검은 턱시도, 나비넥타이에다
허연 배때기를 드러낸 채
북극 펭귄마냥 겅중겅중 앙가발이 걸음으로
짠잔, 사무실 문을 연다
입구쪽 경리담당 미스 김의 컴퓨터 위

세르반테스의 기막힌 연서(戀書)

빙설 같은 신상 핸드백 놓여있다
벽에는 취급주의, 맥 빠진 시청률 같은 매출 그래프
산더미 같은 서류가 시스템 에어컨 따라
턱턱 숨을 몰아 쉰다
내방으로 좀 오시오
잔뜩 찌푸린 부장의 까톡이 도착한다

거름과 지렁이, 낙엽냄새 시큼한 방으로 들어서자
그는 망설임 없이 흰 팬티 쫄쫄이타이즈로 갈아입고
꽉 죄는 펭귄마스크 덮어 쓴다
그 위에 턱시도 다시 걸친다
당신은 그저 그런 펭귄이야
부장이 다짜고짜 동네 불량배 다루듯 팔 비틀고
회계 보고서가 왜 이 따위야
매출 증대 방안 내놓으란 말이야
발로 배때기 퍽퍽 질러대더니
번쩍 들어 휴지통 모서리에 매다 꽂는다
헤드락으로 으깨진 얼굴에 피가 찐득
시큰한 임플란트가 허공에 날아간다
부장 방을 나온 그는 쩔뚝쩔뚝
약솜 틀어막은 코가 어느새 이마에 가 있다
턱시도 겨드랑이가 다 뜯겼다

오후에 사장이 다시 부른다
문을 여니 철창 링이 보이고

입이 찢어져 귀에 걸린 비서가 대들듯 주먹 내보인다
오색괴수 차림의 사장이 호루라기 불며 들어온다
순간 오금이 저린다
우리는 울트라 펭귄을 원해!
대뜸 으름장부터 놓는다
엎치락뒤치락 사장 다리 낚아챈 그
숨 멎을 듯 공포의 코브라트위스트
비틀고 누르며 간지럼 태운다
살점 찢는 익살이 잔인하다
으 악 우 하 하 히 ㅋ…
철창 밖으로 내동댕이치자
오색사장 망가진 신음
사방팔방 마천루에 메아리친다
갑자기 불이 나가고
타닥타닥 소리를 내는 전기장치
급하게 뛰는 구둣발 소리 요란하다

때마침 서류가 무너져 화들짝 잠이 깬다
에어컨 바람이 목덜미를 훑고 지나자
그제야 허둥지둥 새로 쓴 보고서 챙겨
사무실을 나선다
끙, 허연 배때기에 힘 주고 나비넥타이 고쳐 맨다
문득 양복 겨드랑이가 다 뜯겨있다

세르반테스의
기막힌 연서(戀書)

천년 묵은 방귀를 쏴라

   썰렁홈즈나 추접60분
질리는나의빛 같은 아이디 뒤에 숨어
고소한 악플 쏘아대지
내 존재 꼼짝 없이 드러내는 그 잘난 방식이야
영사실 환등기 침침한 분위기 내며
차단횡목 내리듯 자잘한 걱정 틀어 쥔 채
심약한 이들 곡기 끊게 만드는 게 나의 계율,
나의 의지지
   잉크냄새 증발한 자판에다 혈관 없는 으스스 문장
더블 클릭 한방에 날려 보내
닳은 구두굽 같은 순한 지지배
흉어기 냉수대 낀 표정의 옥니들, 볼기 치듯
화들짝 가슴에 불 지르는 게 하루 일과
왠지 시큼한 게 당기는 세상 아니야?
   앵~ 사이버 수사대가 나타나면 그래, 흥분되지
손바닥에 침 퉤퉤 뱉고 멱살 쥐고 나뒹굴 수 없으니
잠시 피신, 몇 블록 떨어진 이웃집 블로그
며칠간 배고픈 선플처럼 숨어 지내
   어머, 너 나 욕하는 거니? 나도 힘들어 죽겠어
미끄덩거리고 느물거리며 시큼한
아무나 입에 올릴 수 없는 배배꼬인 문장 꼬집어
호주머니 야금야금 터는 월세 같은 쨉
날리며 밀린 슬픔 끌어올리기가
쉬운 일 아니잖아 알면서 왜 그래
   뿌리부터 가장 먼 곳의 종양까지

그 아래 벌름거리는 슬픈 기억 혹은
불문율 같은 찐득한 감정의 목록들
순번 매기듯 차례로 불러
삼대가 겸상하는 밥상 뒤엎듯
발로 지렁이 두 동강내듯 짐짓 꾹 밟아
성질 꼬드기는 게 말처럼 쉬운 줄 아니
 애, 그렇다고 멸치조림 마냥 마음조린 탄식
가득 바른 채 날 잡수서 하는 표정으로
애꿎은 머리카락만 돌돌 말거야?
수로매설공사 하듯 까만 속만 까뒤집을 거니?
 어유 드응신, 니가 뒷방 늙은이야?
나 썰렁홈즈 앞에 허구한 날
덜 씻은 엉덩이 들이밀 게 아니라 너도 똥침 한번 쏴 보렴
자, 손깍지 끼고 배에 빵빵하게 힘주어 삐친 표정 애써 지우며
집게손가락 길게 뽑아 앗싸! 벽력처럼 외치는 거야
그럼 천년 묵은 방귀가 터져 나올지
질리는나의빚에 감춰둔 은전(銀錢)이 쏟아질지 모르잖아, 그치
 삶이란 게 그런 것 아니겠어? 지하카페 앉아
커피 홀짝홀짝 탄식하다 마음 다잡고
결심하듯 목조계단 삐걱삐걱 밟고 올라가
천하에 본데없는 여자처럼
칼 손잡이에 손 얹을 기세로
지상으로 통하는 여닫이문 발로 뻥 차며
넌 입 닥치는 게 좋을 걸
그렇게 온 몸으로 맞서는 것 아니겠어
 왜들 이래, 아직도 아이디 속에 숨은 가면이 무서워?
내가 무서우냐고

두방망이질
- 그리운 선생님께

아이들이 되바라진 횡포를 부리고 있었다 자, 집중해 봐요 라고 하자 무슨 집중은 오라질 집중이냐며 종이뭉치를 던졌다 뭉치가, 아무 것도 모르는 저 뭉치가 동요를 부추기는 악동의 야만성과 겹쳐져 선생님의 안경에 퐈당 부딪혔다

선생님은 무자비하게 전지당한 나무처럼 오들오들 떨었다

야만은 뻔뻔함을 동반한다 속으로만 지으려 했던 표정이 악동의 얼굴에 피식 떠올랐을 때 곁에 있던 누군가가 귀에 대고 뭐라 속삭였다 곧이어 속삭임과 키득거림, 팔꿈치로 찌르는 연쇄 반응이 일어났다

어깨가 들썩들썩 선생님은 한 손에 든 짧은 백묵에 간신히 의지한 채 이집트말로 주문 외듯 중얼중얼 이렇게 말씀하는 것이었다

그건 너희 잘못이 아냐

선생님 말씀은 계곡이 구불구불 펼쳐진 마음 가장자리에 부딪혔다 그 한마디가 이상하게도 빗물에 패인 고랑을 밟듯 심장을, 아직도, 두방망이질 치고 있다

상가에 모인 구두들
- 장인어른을 추억하며

죽음을 조립하려 구두들 걸어왔다
단단히 고쳐 맸던 노동의 나사 푼다
어둡고 반(半)지하 같은 먼지 묻은 구두코

축축한 양말 입은 노동의 발가락이
넙데데 큰절 한다 일하고 깔깔 웃고
처먹고 잠잘 구두가 화로처럼 뜨겁다

더 작게 웅크리고 덤비듯 구부러진
한평생 쏘다녔던 앙다문 구두 밑창
바르르 헛바닥 떨고 무릎 굽혀 곡(哭)한다

세르반테스의
기막힌 연서(戀書)

마흔에 보내는 끝장 편지

비 오던 그날
길에 부딪혀 튀어 오르는 빗방울 달고 퇴근하던
어느 날

과속 버스가 방지턱 위로 발을 굴렀고
저질 체력처럼
나는 몸 비비 틀며 참을성 없이 버스 손잡이 쥐었다
폈다 심장이 갈비뼈 때리 듯
두근거렸다

버스에서 내려 오류동으로 달려가던
장대비
앞서가던 그녀를 발견하던
그 순간

지금부터 전혀 동떨어져 살아갈 이의 뒤가 또각
또오각
점점 바래지고 있었다

그러는 동안
또 그 사이에…

나는 나이가 들었고 콧잔등이 노릇노릇 익어갔다 서른아홉이 끝나던 날
뽀빠이 알통 같은 두께의 편지를 그녀에게 썼다

마치 도로 한가운데 번쩍이는 불빛
울려대는 경적을 마주한 것처럼
연 필 이
멋 대 로
움 직 였 다

…(중략) 나는 드디어 마흔이 되었다 어쩌면 내가 질지도 모른다고 난생 처음 생각했다 야근하는 서류 가방에 구겨 넣은 저질 체력이 꾸벅꾸벅 졸아들고 있다 남자는 일부러 미치거나 괴로워하지 않는 법이다 사람 수대로 놓은 수저가 헝클어지듯 트집 잡으며 그때의 나를 찾고 있다 오래전 마음을 들켜 고개 젓던 내가 이제야 네게 용서를 구한다…(이하 생략)…

   그리고 꼭 며칠 뒤 그녀에게
   거짓말처럼 답장이 왔다
   호칭도 없이
   첫 문장은 이렇게 시작됐다

이 거지발싸개 같은 비겁자야! 그 자리에서 콕 뒈져라!

제2부

춘향 열녀문 프로젝트

뒷산은 봉군(烽軍)이 되었다
앞서 보낸 봉화(烽火)는 육자배기
가위 눌린 헛것처럼
상투 풀어 덩실덩실
치마 쓴 초라니 각설이
십장생이 웃었다 울었다 악을 썼다

-'민화 박물관'중에서

가을, 사랑

　글쎄, 계집과 아궁이는 쑤석거리면 탈난다고 했잖아요 가을 하늘 가만히 올려다보면 거세된 수탉이 막술에 목메듯 비 맞은 가을 중 상판때기 마냥 찡그린 뒤뜰 돌아 푸드득, 가을을 올러붙여요

　삽살개와 흑염소의 장광설이 길어지면 허여멀건 낮달 마빡이 닭벼슬처럼 찡해 옵니다 붉은 과육이 꽹매기 치듯 들판에 넘어지고 뒷산에 쟁여놓은 나프탈린 도토리 뒹구는 가을, 가을이잖아요

　청양고추 불탄 입 쩍 벌리고 고기압 풀어헤친 들판에 도리깨 쟁그랍게 넘어 집니다 미친 체하고 수수떡 목판에 넘어지는 바람, 밑구멍 들출수록 구린내 나는 뒷간 이야기가 솔솔 불어요

　그래요, 초가삼간 불타도 빈대죽어 좋은 계절이잖아요 오뉴월 개 팔자에 비할 것 없지만 횃대 붉은 망토자락 거세된 기억에는 아직도 실떡실떡 사랑은 영사랑이 되고 턱턱 사랑은 영이별 됩니다[2]

　미주알고주알 불타는 들녘아래 미치도록 사랑하고 싶어요 수챗구멍 비지국 먹고 용트림하는 강새이 마냥 가을의 안전핀 뽑아듭니다 저기, 가을 부지깽이 싸대듯 폭삭 내려앉는 낙엽 위로 뭉게뭉게 납시는 사랑이 됩니다

---

[2] 남녀간의 첫사랑을 은은하게 시작하는 사람은 성공하지만 처음부터 정열적으로 시작하는 사람은 중간에 헤어지게 된다는 속담

김홍도와 떠나는 가을여행

　아이가 까치발 하고 벽장 안을 뒤집니다 하늘천 땅지하며 햇살이 글썽이고요 낮달 담벼락 아래 강아지풀 몇 무더기 말라있네요 대추나무 연 걸리듯 하늘이 번져 오며는 어느덧 부는 바람 왕겨가 묻어나지요 동구 앞 누운 소 경을 외듯 눈을 감고 불탄 부지깽이 바삐 덤비는 가을입니다 옛말에 사냥개 언 똥 들어먹듯 우거진 초가 볼가심 아귀 요란하고 절간 골골 노는 입 염불하기 밤을 잊어요 어쩔 머리 민둥산에도 가을은 오고 지게 진 개울 눈이 부셔요 광대는 인물치레가 제일이며 귀신은 상투 잘린 여우에 견줄 것 없다지만 서발 장대 피천 대푼 하나 없는 살림, 작작 먹고 가늘게 싸라 조른답니다 덤불이 짙어야 도깨비가 나오듯 산짐승 타는 사람 잡는 길도 우거지고 해지는 서편 멀리 사람 찾는 핏빛처럼 노을이 집니다 밤이면 부황난 족보가 쏘시개로 피고 지고 저녁 굶은 시어미 잠든 창 너머 만경들 개밥바라기 끝이 없어요

떡 하나 주면 다 잡아먹지

옛날 구렁이 열두 고개 너머에
불여우 성(城)이 있고 그 아래 안 오시는
떡집 어머니 팔뚝이 버려져 있다 해 지면
어머니가 버린 시루 안에 방앗간집 달이 뜨고 컹컹
목이 매인 여우가 캥캥
수수밭을 뒹군다

떡가루 날리는 밤, 봉분 같은 달이 산허리에
걸려 있다 어머니, 적설 같은 시루
이고 가풀막진 산길 헤매신다
(떡 하나 주면 안 잡아먹지)
육자배기 메아리 친다
(떡 하나 주면 다 잡아 먹지)
얼굴색 변하는 어머니, 굽자란 식솔들 눈에 선하다
(떡 하나 주면 다 먹지)
갱개갱개… 궁구궁구 정긍…

온 세상이 떡의 나라
장구잽이 굿하듯 봉두난발 떡시루
눈이 거칠다 갈퀴 같은 손 빚어
떡가루 날리시는 어머니
문고리 쥐고 잠든 밤
(떡 하나 주면 안 잡아먹지)
들린다, 외눈박이 문풍지
눈꺼풀은 천근만근

는개처럼 눈이 어린다 꿈결처럼
날리는 눈보라… 캥캥
불여우가 어머니를 토하고 있다

민화 박물관
— 강원도 영월군 김삿갓면 432-10

신라 백제 망나니 살던 논바닥
꽃그림자 딸꾹질 하던 고구려 달맞이꽃
머리 풀었다 제물포 변산 임자도까지
조선 개똥이와 개똥이의 민둥산
뭉특한 끝물 참외처럼 생겼다

뒷산은 봉군(烽軍)이 되었다
앞서 보낸 봉화(烽火)는 육자배기
가위 눌린 헛것처럼
상투 풀어 덩실덩실
치마 쓴 초라니 각설이
십장생이 웃었다 울었다 악을 썼다
봉화가 끝내 못 넘는 고개
아리랑 고개 구만리 구부러졌다

밤마다 발등 찍어 사나운 노래 불렀다
문지방 베고 자 입이 돌았다
귀신도 쓸쓸해
부러 고무신 한 짝 잃고 걸었다
한참을 보아야 희끄무레해지는 달
그 달 아래 밥심으로 누는 똥
뜨물 먹은 당나귀 목청으로
호떡만한 얼굴이 게으른 표정지었다

금 나와라 뚝딱 은 나와라 뚝딱

퍼먹던 호미 던지고
덩실 귀신 망태 낫도깨비 불러 얼쑤
고추밭을 뒹군다 구들장
두엄자리 굴렀다
버선발 팽매기가 되었다

흰옷 입은 백성 다 아는 얼굴
손 없는 날처럼
벼농사 안 지어도
막걸리 소주 한 잔에
철없이 킬킬 거리며 널름
널름 가슴으로 부르는

춘향 열녀문 프로젝트
– 한국 공무원 노조 태동기 연구

춘향에 견줄 여걸이 있을까
요즘도 시골 읍면 별로
그녀를 추억하는 행사가 해마다 열린다
춘향 탄신 기념해 단체로 배지 만들고
모여 국수 삶고 먼 산 연(鳶)도 띄운다
대부분 공무원끼리의 잔치,
뭔가 일을 도모할 셈인가

춘향이는 어떤 인물인가
쉽게 말해 새로 부임한 어리바리 군수에게
호된 신고식도 모자라 용용 죽겠지 약 올리고
무 밑동 자르듯 상투 잡아
끝내 관직에서 끌어내린 걸출 아닌가
새삼 춘향의 뱃심에 구미가 당기는 것은
그녀가 우리 민족 기방사 다시 쓰고
한국 공무원 노조 설립의
정신적 지주 노릇까지 했기 때문이다

춘향은 본읍(本邑) 소속 기생인데도
수청 거부도 모자라
현직도 아닌 전직 단체장 아들을 "모셨다"고 대놓고 말한다
그러니까 자청해 결혼도 안 한
총각의 첩이 되었다는 선언이다
넘어져 머리 위 북두칠성 빙글빙글 돌듯
제 정신 아니고서야 할 수 없는 얘기다

이런 트집을 단순히 사랑이라고 치부하기엔
너무 당돌해 저의가 의심스럽다

사실 춘향이는 변사또를 이리저리 데리고 논다
멱살만 흔들지 않았을 뿐 곤죽이 되도록 희롱한다
수청 들라는 말에 어디서 귀동냥했는지
진주 논개의 충렬(忠烈) 끄집어내고
열녀문 짓고 정경부인 명성있다는 안동 기생 얘기
뜬금없이 해댄다
춘향은 입에서 건더기 쏟아내듯 따따따 설을 푼 뒤
다소 처량하게, 양기 빠진 진양조로 이렇게 매듭짓는다
첩이 남편 배반하는 것은 벼슬하는 이가 나라 배반하는 것과 같다![3]
억지춘향도 유만부동,
덩굴나무 넌출 휘휘친친 감듯
막말 논리 엮어 들이미는데
불쌍한 변사또 울컥 억장이 무너졌다
물찬 논에 고니걸음으로
말문 막혀 채신없이 더듬거렸을 게 뻔하다
이미 싸움의 샅바는 춘향이가
질끈 쥐고 있었으니

전라도 남원골 관아 말단 직원들
사또와 춘향의 눈치 번갈아 살피며

---

3) p113,《열녀춘향수절가(완판본)》, 민음사, 2004

어찌할 바 몰랐을 것이다
열녀춘향수절가 완판본 들춰보니
변사또 곁에 있던 이방이 속내 드러낸 첫 말은
고이하다4)였다
고이하다니… 그때는 미쳤다고 말해야 정상이다
그리곤 마지못해
네가 수절하면 우리 마누라는 기절할까5)
하며 궁싯거린다
그것도 이판사판 청승으로 양냥댔을
춘향의 장쾌한 목청에 가려
거의 개미핥기 소리였으리라

한편, 어리바리 변사또의 불행한 심리를 좇으니 이런 대목이 나온다
…어찌나 분했던지 책상을 두드릴 제, 탕건이 벗어지고 상투가 탁 풀리고 첫마디가 목이 쉬어, 이년을 잡아내리라…6)
쯧쯧쯧, 진작부터 싸움의 길목을 잡았어야지
버스 떠난 뒤 손 흔들어봐야 도리 없는 법
초장에 기선을 제압 못한
인간 커뮤니케이션의 말로가 어떤지
역사는 변사또를 통해 교훈을 던진다

그렇다면, 살만 남은 헌 부채 패대기치듯

---

4) p216, 《춘향전(경판 30장본)》, 민음사, 2004
5) p217, 《춘향전(경판 30장본)》, 민음사, 2004
6) p113, 《열녀춘향수절가(완판본)》, 민음사, 2004

춘향 열녀문
프로젝트

춘향이 변사또 아작 내는 장면에
가장 열광한 이는 누구일까
모르긴 몰라도 눈치로 밥을 먹던
남원골 말단 공무원들이었으리라
허구한 날, 층층시하 위아래 치이며
쥘부채 아랫도리마냥
예이~, 대령 했나이다, 접고 맞고 나가오,
새된 소리로 살아가던 이들
춘향의 혀에 흥분하지 않았을 리 없다
고이하다, 하면서도 속으론 매롱 고소하다
여겼을지 모른다

그들은 하루 업무 끝내고 목로에 앉아
복기 바둑 두듯 춘향 얘기 돌려하며
시름 잊었을 것이다
춘향이 변사또 희롱하는 장면에
옳거니, 무릎 치고 허벅지 꼬집으며
우둔우둔 정신이 울렁울렁 흥분됐을 것이다
그리곤 술에 취해 한참을 주정하다가
문득 춘향을 조선 최대의 열녀로 만들자는
이름하야, 춘향 열녀문 프로젝트 모의하지 않았겠는가

변사또가 쫓겨나자마자 일은 일사천리로 진행,
슬그머니 관급 공사비 일부 떼고
전(前) 분기 이월예산까지 슬쩍 떼내

전라도 고을마다 열녀문 세우고
내로라하는 소리꾼 전기수 죄다 데려오거나
춘향모 월매의 재평가 작업에 착수했을 것이다
소리 소문 없이 전국이방협의회 같은 산하조직 만들어
열녀문 건립을 독려하는 한편
춘향의 변사또 다루는 방식이나 예산전용 방법
철저 분석한 비매품 소책자 돌렸을 것이다
매년 춘향의 탄신일이면 지자체별로 모여
사또들의 인사 동향 파악하고 정보 공유한 뒤
구빈원 같은 곳을 찾아 단체로 떡 돌렸을 것이다

여담이지만, 변사또 옥에 처넣은 춘향이 이몽룡에게
서울 가거든 나를 잊지 말라며
불망기를 요구했다는 것도
실은 당대 남원골 말단 서기가 춘향을 대신해
퍼뜨린 풍문이라지만
물론 확인할 길 요원하다

장구잽이 굿소리[7]

뚜드락
내 귀엔 굿소리만 들리고
세상 다 속여도 팔자는 못 속이더라고
동네 장구잽이 굿치는 것 보고
집에 와서 방바닥을 뚜디려,
손으로 뚜드락 베개 배고 뚜드락
바가지 양푼에다
길가다 엎어져도 뚜드락
복 나간다 야단치는 아버지 뺨을
뚜드락 때리고 집 나섰어 십리 굽이길
내 귀엔 길굿 소리만 들리고

갱개갱개
쾌자 입고 살풀이 치자 무당이 옷을
벗어던졌다 멍석말이 치배들의
짝드름 사이로 밤이
깊다 구경 온 이웃들
땀범벅이다 어느새 눈썹 같은 달
성긴 별 쓰러진다 광목 떠서 마련한 복색
부르르 떤다 죽은 사람에게 부르는
산 자의 가락, 갱개갱개… 궁구궁구 정긍…

---

7) 《어떻게 허먼 똑똑한 제자 한놈 두고 죽을꼬? : 임실 "설장구잽이" 신기남의 한평생》(뿌리깊은나무, 1981)를 읽고 영감을 받았다.

살풀이
굽이친다 사람도 죽일 수 있다는
독기 풀어 몰아
치는 춤사위, 무수한 원 그으며 천지를
오간다 흰 저고리에다 똥물이나
뿌릴까 똥물 받아 먹고 가슴이나
칠까 수건이 갈고리처럼 몸
감는다 팽팽한 슬픔
가야금 피리 아쟁
장구가 닥치는 대로 쏟아
지고 어느 순간 꼬꾸라
진다 퀭한 눈이 눈물로
번들거린다

춘향 열녀문
프로젝트

경주, 김동리를 읽다

경주엔 악산이 많다
우라에서 건천 산내까지
고랭지 숯막 밟던 산비탈
눈가에 그을음 산비둘기
낮게 울었다

어느 날 저녁 잠 깨니
영(嶺)이 철릭을 입고 있었다
거대한 산화(山火)가 훌러덩
저고리 앞섶 푼 채
북어 껍질처럼 오그라들었다
토우로 씻길 때까지 굿판이
계속 되었다 어른들은
달구똥 같은 눈물로
산을 내려갔다

그 해가 가고 다시 봄이 왔다
다시 봄이 오고
꼬챙이 같은 나무
고라니 새끼 한 마리
보이지 않았다

나도 어느새
무쇠솥 바닥 같은 턱이
생겼다

제3부

취재수첩

사회부장은 늘 이런 식이다
개가 사람을 무는 게 무슨 기사야
사람이 개를 물어야 해 그게 기사야
맙소사, 부장이 신문 속에 납작 엎딘
개자식을 불러 모은다
행여 신문을 물어뜯거나 낯달 향해 짖기라도 하면
응당 매타작이다 편집권 침해니까

- '기사작성론' 중에서

기사작성론
- 취재수첩

사각으로 얇게 누른 신문 속에
개가 발바닥을 핥으며 접혀있다
목이 쉬어 컹컹 단음절 외마디뿐

사회부장은 늘 이런 식이다
개가 사람을 무는 게 무슨 기사야
사람이 개를 물어야 해 그게 기사야
맙소사, 부장이 신문 속에 납작 엎딘
개자식을 불러 모은다
행여 신문을 물어뜯거나 낯달 향해 짖기라도 하면
응당 매타작이다 편집권 침해니까

오늘자 1면은 더러운 수캐에 관한 심층 보고서
토사물과 시궁창에서 자란 수캐와 시궁쥐가
발버둥치는 색다른 감성의 비주얼 스토리
아침부터 오바이트하긴 처음이라는 독자 반응이 쇄도했다나…
부장은 언제나 병든 개에 열광한다
매스컴은 원래 매스꺼운 것 아닌감?
골 때리는 놈으로 찾아와!

언제부턴가 기자의 얼굴에 개 타액이 번져 있다
셰퍼드 가죽으로 빚은 단화에다
화내는 버릇도 으르렁
별안간 악을 쓰고 한번 문 스캔들은
놓치는 법이 없다

이탈리안 호러처럼 미친개가 흡혈 그림자의
궁둥짝을 덥석 무는 격이랄까

개털이 듬성듬성 박힌 두 다리로
광화문과 신문로 주변을 떠돌며 코를 끙끙
토사물을 헤집고 아물지 않은 상처에 머리를 들이민다
자면서도 개꼬리처럼 몸을 배배꾼다

마감시간 전 편집국에 들어서면 서로들
쓰레기 덮어쓴 얼굴에 화들짝 놀란다
여기저기 김치 콩나물 대가리 시큼한
양념이 진동한다 가장 냄새나고 아픈 기억들만 끄집어
2벌식 노트 위에 정렬한다
자판소리 마다 들리는 외마디 비명
그 속에 들리는 국장의 외침

그거야 오늘 1면 감이야!

대령연합회 구국집회
- 취재수첩

그해 여름 아코디언 덮개 같은 사제 군복이
유행했다 키 빠진 아코디언
야채 장수 스피커 매고 시청 광화문
효자동 경복궁 사이를 오갔다 감초
씹은 표정 하고서 축 처진 팔(八)자
수염에 기름 친 퇴역병들
한증막 같은 땀 흘리며
거수경례를

닦았다 하오의 그림자가 서녘에서
동녘 끝으로 넘어질 때
점안액 넣고서 분별없이 처지는
눈알 올리며 노병은
살아있다 노병은 살아있네
물러가라 물러가라
로사리오 기도처럼 외치는

것이었다 집으로 물러나서는
홀러덩 젖은 군복
벗어던지고 얼음 봉지
얹고서 혼수상태에 빠져들었다
밤새 틀어놓은 TV
귀가 먹먹할 정도로 야유하고
폭소 퍼붓는 민주주의 개그야(夜)가
윙윙 노병의 귓전을

덕지리 이장의 충고
- 취재수첩

시방 경운기 탈탈 터는 야그뿐이네 물부리에 호랭이 담배토막 끼워 무는 구닥다리 날림 소식만

폴폴 날리지라 이래갖고 신문 팔릴지 의문이네 이 사람아 소시적 음메 음메하는 야그들 그만해뿐져

아적도 농촌 땔감 져 나르고 군불 피워 아랫목 앉아 고봉밥 놋수저 타령이구먼 축사 여물통

온갖 잡새 날아들고 정월 초사흘 마을 청년계 총각들 풍물치고 삼색고깔 빗겨 쓴다고 씨불이나?

아주 낭만적으로 망태 쓰고 동력경운기 끌고 장에 가 투전판 기웃기웃, 막걸리 갈보집에 얼큰 취해 낄낄 댄다고 쓸라나?

한심혀, 요즘 신문엔 경지정리 신도시로 인감 찍고 산 팔아 논 팔아 수백억 현금부자 마고자 금단추 야그나

조선족 베트남 필리핀 샥시 매 맞은 야그뿐이지라 아니면 빚 독촉에 농약 처 먹은 노총각,

유통구조 어쩌구 중간상인 해쳐먹는 소식이 이승만 시절부텀 매일 반복되는 신문 야그인데

농촌이, 고향마을이 얼매나 벤했는데 그저 눈에 뵈는 세상 물정 야그만 나온다냐

무지랭이라고 그저 먹어? 그만 됐잖여 전부들 건성건성 KTX 타고 가다 돼지울 힐끗 쳐다보고 기사 쓰니

알 턱이 있나 알 턱이 없지 염병헐…, 에그 뭐하는지 모르것어 우리 농촌출신 기자양반 어디 없는겨?

동물농장의 혈투
- 취재수첩

세퍼드가 긴 혀를 끄덕이며 산탄총을 쏘자
암탉은 닭장차를 차폐물 삼아 측면 공격
감행했다 배에 받히고 머리통 깨지거나
죽어 넘어진 개 암탉이
속출했다 잠시 후 얼룩소 뒷발이
암탉을 향했고 몇몇은 백미터 상공으로 날아
올랐다 혈투 지켜보던 거위 역시
호미 부리로 얼룩소 항문을 직각으로
쪼아댔다 총질 발길질과 부리 공격에
몇몇 송아지와 병아리
다리 절뚝이며 싸리 울타리 넘어 간신히
도망쳤다 죽어 자빠진 동료를
바라보며 눈물짓던 세퍼드
울분 감추고 기꺼이 거위에게 달려들어

산화했다 조간 기자들은 농장 서까래에 올라가
마구 사진을 찍었고 날이 저물자 석간 기자까지
몰려왔다 이 과정에서 일부 기자는 얼룩소와 거위
공격을 받아 건초더미에 얼굴을
숨겼다 맹렬하고 치열한 싸움으로 무기가
바닥나자 닭 모이 그릇, 거름똥, 쇠스랑, 질화분을
던졌으며 다른 농장과 무기거래를 트는 동물까지
생겨났다 외양간 혈투에 대한 신문 논조가 저마다
달랐는데 조간이 〈농장에서의 위험한 반란〉을 제목으로
뽑자 석간은 〈미친 동물, 농장에서 날뛰다〉로

썼다 다음날 조간이 〈두 발은 좋고 네 발은 나쁜가〉라며 가금류를
비난하자 석간은 〈얼룩소, 덩치값 못하다〉를 1면에

내보냈다 호외가 쌓이고 셰퍼드 분대장의 직격 인터뷰
부상 거위의 숨 막히는 고뇌, 전시 양조법과
긴급 구호물자 소식이나 전사자 집계가 실시간 단위로
전달됐다 급기야 〈꼴갑 떨더니 지랄한다 싸다 싸!〉라는
저급성 기사까지 나와 동물농장을 경악
시켰다 동물들은 자신의 일거수일투족이
보도되고 논조가 양비론으로 치달자 찜찜한 불안감에
휩싸였다 기자와 거래하지 않겠다고 선언하는 동물이
생겨났다 속보경쟁으로 기자 수가 폭증, 농장 서까래가
폭삭 내려앉았다 몇몇 기자는 허리가
부서졌고 몇몇은 머리가
깨졌다 죽은 기자에게 '동물영웅 이등 훈장'이
추서됐다가 취소되는 해프닝이

벌어졌다 기자들이 농장 밖으로 실려
나가자 싸움도 흐지부지 끝이
났고 분노의 울분이 잦아
들었다 이리저리 진지를
거닐다 벽 틈이나 차폐물 옹이
구멍으로 화해의 눈빛
보내더니 어느 날 휴전을
선언했다 셰퍼드와 암탉은 우리가 왜 싸웠는지

모르겠다며 기자가 없으니 세상이 절간 같다며 너스레를

떨었다 뒤늦게 소식 전해들은 종군 기자 몇몇이
'싸움은 붙이고 흥정은 말린다'는 기자정신에 입각,
속보를 쓰려하자 외양간 신세들의 분기가
되살아났다 기자 향한 분노를
쏟아냈고 또다시 산탄 총알이 등장하기
시작했다 농장 주변 날던 비둘기도 자취를
감췄고 기자들은 굽은 펜촉으로
맞섰다 그리고 그 다음날 신문에 이런 기사가
실렸다

〈하다하다 기자까지… 셰퍼드고 암탉이고 모두 막되먹다!〉

마감뉴스, 알바니아 하사와 마추픽추
- 취재수첩

[앵커 맨트]

마감뉴스입니다. 영국 BBC방송은 3일 세르비아계 민병대가 알바니아계 남자 약 100명을 대량 학살한 테이프를 입수, 방영했습니다. 보스니아 중서부 바쿠프시에서 왔다는 무예시라 줄루비치씨는 "세르비아인들이 장애인에서 나이든 남자까지 목을 베고 불에 태우는 화형식을 매일 가졌다"면서 "예순이 넘은 언니도 처참하게 살육 당했다"고 울먹였습니다.

지도

군인들이 황급히 마을을 떠났다 보스니아 지도에 눈발이 날리고 온점이 보였다 점은 칠흑 같은 밤에도 반짝였다 자세히 들여다보니 점은 붉은집이었다

마을이 불타고 있었다 남자들은 히브리 사람처럼 쓰러졌다 군인들이 걸어간 발자국에는 피가 엉겼다

피를 만져보니 따스했다 피 속에 핏덩이가 엉켜 있었다 핏덩이는 숨 쉬고 있었다

숲속 가까이 굉음이 들려왔다 탱크였다 누가 핏덩이를 안고 뛰자 총소리가 났다 핏덩이에 얼굴 처박은 알바니아 여자의 눈

눈에 점이 보였다 점은 붉은산이었다 지도가 불타고 있었다

하사

베를린대학교에서 고고학을 전공한 하사는 중세 아메리카 연구로 학위를 땄다 막사 속에서 그는 늘상

인디오 차림이었다 악몽 꾸고 일어난 정오처럼 하늘이 흐리다 참

호엔 통조림 냄새가 진동한다

하사는 에스파냐 신부 비센테 데 발베르데의 거친 기도서를 떠올린다

"폐하, 보셨죠 당최 무슨 짓인가요 저 교만하고 어린애 같은 개새끼와 논의를 해봤자 광장의 인디오 수만 늘어날 뿐이에요 해 치워요 제가 허락합니다…"[8]

석탄 실은 열차 소음에 생각이 멈춘다 가만히 들어보니 사람소리다 기린의 목처럼 늘어선

레일 위로 병사들이 줄지어 서 있다 병사의 12월이 잔기침을 한다 대낮인데도 철로등 아래

뿜어내는 콧김이 안개가 된다 집으로 집으로 집으로, 누군가 입에서 시작된 노래가 혈관을 타고 내려온다

참호
명령이다귀싸개를풀어!아무소리도못듣잖아연대장명령이니까두려우면이따금씩허공에다총을드르륵

참호에 초연이 진동한다 철모에 닿은 땀은 금세 얼어붙는다 하사는 지금 침엽수림 아래 있다

바람이 쏴 쏴 하고 참호를 흔든다 귓속에 공포가 공명한다 이따금 전나무 가지를 흔든 바람이

참호를 거쳐 12월을 나지막이 지나간다 침착하게 5분마다 한 번씩

---
[8] 「고대 아메리카」, 『라이프 인간세계사』, 한국일보제, 1986, p149~152

사격을 가한다 총탄은
숲에 빨려든다 전나무는 외투 깃을 잡아채듯 총탄을 빨아들인다
숲이 불타는 떨기나무처럼 일렁인다

최후
잉카황제는 묶이고 그 아래 장작다발이 쌓였다
십자가를 든 벨베르데 신부는 비운의 황제 아타왈파 옆에 다가가 개종시키려 했으나 실패했다
하지만 화형보다 고통이 적은 교수형으로 바꾸겠다고 하자 장작다발 위에서 세례를 받았다
이리하여 최후의 황제는 죽고 잉카 제국은 소멸됐다

탄식
엎딘 채다 참호 속 죽은 러닝셔츠 등 뒤로 구더기 스멀스멀 기어가고 있다
겁에 질린 속옷은 회색빛, 현장검증 마친 세르비아 병사가 플래시를 터뜨린다
번쩍할 때마다 구더기들 겨드랑이 밑으로 미끄러진다
피딱지 엉겨붙은 인디오말 사전이 그을려 있다
마스크를 눈 밑까지 끌어올린 병사가 시신을 당기자 몸이 인조인간처럼 분해된다
뭉그러진 두 팔과 목 사이로 구더기가 연좌시위 중이다 핀셋으로 구더기 집은 병사
오늘따라 무슨 그럴싸한 충고라도 하듯 근엄하다
불길한 위협처럼 소독약이 흐른다 불 지피듯 활활 타오르는 구더기떼

자욱한 연기가 가라앉자 수 만 마리 구더기 배때기를 내민다
아직도 살아남은 몇 놈은 공포와 포만감이 범벅된 채 꼼지락,
탄식한다

망각
그러나 실제로는 아무런 공격도 받지 않았다
마추픽추는 에스파냐의 잉카 정복 후 얼마 지나지 않아 버려졌다
불 탄 채 지도에서 사라졌고 공식 기록조차 없이 4세기나 흘렀다

유고 내전도 그렇게 잊혀졌다

문장론
- 취재수첩

오늘은 거대 담론부터 이야기 하지

고트족 남자들이나 쓰는
북방 영웅 서사시의 강한 두운법 어투로
영사실 환등기 침침한 분위기
차단 횡목처럼 잡념 틀어 쥔 채
세계적인 추세라는 비유법 등장시켜
죽은 문장 살려 볼까나

마개 비튼 탄산음료처럼 경쾌하게
혹은 굵은 체크무늬 오렌지색 숄처럼 따스하게
몇 번이나 뜨개질 코 빠뜨리지 않게
헌병 대장이나 근위병 수사(修辭) 대동하거나
서사물 시청자나 들어봄직한 폭군 같은 목소리
빈민가에서는 절대 펼쳐볼 수 없는 양가죽
하드카피로 씌워 놓으면 어떨까

어떨까, 그러면 나의 문장은 독일 연방 의회
바로크 시대나 어울릴 법한 엄격함 배어 있겠지
그렇다면, 막시즘 테제 빌려오듯 후추 듬뿍 친 구라파 맥주
쓸개즙으로 만든 사순절 음식 혹은
보헤미아 사제들이 즐겨쓰는 낭만 미사체
나치 당원이 그려넣은 깍두기 수염처럼
미끄덩거리고 맵짭고 메스꺼우며 떨떠름하여
아무나 입에 올릴 수 없는 명문장이 될까

아무렴, 절대 싸구려 신문에서 볼 수 없는 단어로
냉수대 낀 흉어기 철에 쓰는 절절한 표현만 끄집어
목청 좋은 바리톤조차 따라 부를 수 없게
정찰견 시종이 호위하는 공책 위에 올라타
아라비안 램프 문질러 피어나는
그런 문장 쓸 수 없을까

부음 담당 기자
– 취재수첩

종일 금속활자들이 검정 잉크 마시고
있다 반나절 흘렀지만
신문이 지난밤의 부음으로
실룩거린다 이십육 면 혹은 이십팔 면 능선 아래
불러내는 것이 그의 일이다

입 안 가득 생쌀 털어
넣듯 달고 깊은 잠 속 잉크를 가득
채우고 눌러 활자를 새기는 것이다
부음 기자가 저 깊은 저탄장에
묻어둔 석탄 주워
바지에 쓱 닦고 한입 베어
문다 입 주위가 금세 먹구름처럼
어두워졌다

기자가 달래는 진혼곡이란 그저
이름을 세워두는 일뿐
문득 그가 걸었던 길
낮고 가난했던
아내와 자식의 가계가

굽이친다 곡소리가
신문 넘기는 방향으로 한 장씩
쓰러진다

조서와 시집
- 취재수첩

이름을 부르면
네, 라고 답해서 안 된다
네 아무개입니다
하고 붙여줘야 한다 그게
신문(訊問)의 법칙이다

주민번호 묻는데 주소를 말해도 혼나지 않는다
어차피 물을 테니까
죽은 이의 이름 부른다고 살인의 추억에 잠겨선 안 된다
발효하는 시체에 향수 뿌릴 순 없으니까

조서 꾸미던 형사가 책상을 친다
그때는 무조건 빌어선 안 된다
진리란 몇 줄 조서에 담을 수 없는 법이니까

피의자 신문을 은유와 상징 섞어가며
시적 표현 살리면 글쎄, 범죄가 말랑말랑해질까
간악한 심보 감춰질까
아둔한 형사가 이해 못하면
자, 그러니까 행간을 보셔야 해요

조서가 시집이 된다면 세상이 달라질까 살인이
낭만이 되고 거짓말이 상상력이 되는
시대 아닌가 여기,
조서를 커닝하는 친구도 있다

남의 피의자 신문을 훔쳐듣고 마치 자기 범죄처럼
알리바이 만들고 태연히 목 죄는 시늉을
한다 무당 불러 죽은 영혼 대질시켜 보라지!

시집에도 조서처럼 카피와 모방의
기호로 흥건하다 스스로 목 죄며
냄새나는 헛바닥 뻔뻔스럽게 꺼내
개의 감정에 몰입한다 헛바닥을 귀에
붙이거나 눈에 씌워 과잉된 감정
덕지덕지 오려붙여 한껏 오열한다

죄의식이라곤 찾아볼 수 없다

중국 쓰촨성 고분군 취재기
− 취재수첩

1

카키색 반바지 입고 떠나는 무덤 답사
시외버스 시동 걸자 가방 속 도시락과 소주병
몸을 비빈다 차창 밖 궁벽한 소읍과 소읍
늘어선 모과나무, 펄펄 끓어 넘치는 수제비
구름을 카메라에 덤벙덤벙 썰어
넣는다 휘장 펄럭이는 고분군 간이 화장실
왁자지껄 참새 떼가 고무신짝 끌 듯
날아간다 출토된 질그릇이랑 주검 수십 기
너덜너덜한 비문 엉거주춤
읽으며 오후를 보낸다 그늘 진
무덤가에 앉아 도시락 먹고 손가락 베개하고
눕기도 한다 고분군 관리가 건네준
자료집과 지신(地神)에게 무덤 터를 산
지석(誌石) 탁본 더듬는다

2

소주로 목 축이고 긴 목책 너머 무덤 입구로
들어선다 이미 짜부라진 석곽
주검 호위하는 도제 병사의 눈빛
어느덧 흙빛으로 변한 검대 버클
도끼로 으깨진 순장 뼈들 흩어져 있다 손전등
돌리다 비친 벽화엔 사수가 몸채보다 큰
활시위를 당기고 있다

사냥 몰이꾼이 어딘가로 뜀박질
하고 웃통 벗은 농노들
허리 꺾어 땅을 판다 상투 올린 머리가
파뿌리 같다 그 옆 술상을 머리에
인 계집종 몇이 얼씨구절씨구
덩실 춤춘다

언제 왔는지 쓰촨성 성도 출신 늙은 관리는
1호에서 13호 무덤까지 온통 귀족
허식으로 가득하다 혀를 찬다 엉거주춤 구부려
무덤 입구 빠져나오다 어깨에
돌무덤 진 9척 무인과
마주쳤다 악령을 쫓기 위해 세워진
삼지창 양각 사내는 세월에
코가 부서지고 한때는 눈매가 사나웠을 표정도
뭉그러졌다

3
돌아오는 버스 안
시끄러운 중국 방언이 왕왕 귓전
울린다 일에 찌든 표정 일그러진
얼굴은 영락없는 내 모습이다 아직도
돌무덤 파는 농노들의 혈거시대는 끝나지
않았을까 취재수첩 여니 수 세기 마개 속에

눌러놓았을 돋을새김 세월이 검댕
먼지 탈탈 털고

있다 시위를 당기던 사수가 활을
내려놓자 온 몸 얼음화살 박힌
새는 살랑대는 바람처럼 날아
오른다 사냥 몰이꾼이 걸음
멈추고 농노들은 고단했던 허리
길게 편다 계집종이 술상
뒤엎고 곤죽이 된 양각 사내는 삼지창
던지며 거름더미 석죽처럼 주저

앉는다 고분 속 얼굴들은 늘어지게
한 잠 잤다는 표정이다 해진 세월
겹겹이 덧대어 아무렇게나 기웠던
지하생활자의 시간을 미련없이
떠나보낸다 더 이상 속절없이 남의
무덤이나 지키는 일 없이
고분 속 먼지처럼 삭힐 것
다 삭혔으니 그만 내버려
달라한다

어느 신문의 날에
- 취재수첩

그렇게 펼쳐 놓으면 신문 사회면 단신
농약 마신 노총각이 강시처럼 일어서곤
했다 그 무렵 불타던 경운기가 마을 공안분소
덮칠 때 차마 오늘의 운세를 읽지
못했다 감잎 타던 흉작의 가을
빈들 밥상 한 톨씩 씹으며 1면부터 광고 한 줄까지
신문을 읽는데 반나절이 걸리지
않았다 간혹 삭정이 씹거나 뜸부기 메뚜기 날아
들어도 돋보기 꺼내 다시 읽으면 이발소 그림
같은 풍경이 펼쳐지는
것이었다 부고 징집 파업 같은 염병할 소식
혹은 동강난 검열 문장이 상처
동여맨 시절에도 신문만은 끊지
않았다 부뚜막에 엎드려 소리 없이 밥
먹거나 도열병 문고병 얽은 볏짚
세울 때 신문에 다 나온다는 표정 지어
보였다 아무리 외로워도 1단 기사
작은 이야기 소곤소곤 들려
주며 귀를 잡아채듯 마음을 잡아
당겼다 신문이 사람을 펼치듯
한 장 한 장 넘길 때마다 고불고불
숨어있는 사람 숲이 길을
터주었다 사탕 포장지처럼

나는 커서 무엇이 될까요?
- 취재수첩

When I was just a little girl 나 어린 소녀 적에
I ask my mother, what will I be 엄마에게 물었죠. 이담에 뭐가 될까요?
Will I be pretty, will I be rich 예쁜이가 될까요? 부자가 될까요?
Here's what she said to me 그러면, 엄만 말했었죠.
Que sera, sera 케 세라, 세라
Que sera, sera 케 세라, 세라
　- 〈Whatever Will be, Will be〉 중에서

이곳에 처음 와서 이 노래를 들으며 생각했습니다.
어린 시절 내 꿈은 무엇이었을까.
훌쩍 세월이 흘렀고 딸아이 말처럼 폭삭 익었습니다.
그때 내 꿈은 하나였습니다.
오늘이 아니었음 좋겠다!
그것뿐이었습니다.

어머니는 종일 농장에 나갔으며 아버지는 집에 없었습니다.
동생이랑 아리송하고 모호한 꿈을 꿀 새도 없이
붉은색 머리띠를 하고 혁명가를 불렀습니다.
내가 꿀 수 있는 꿈이 뭔지 몰랐습니다.

군번 8830921 박규호는 국군포로입니다. 내 아버지입니다.
그러니까 나는 국군포로의 딸입니다.
아버지는 1952년 3월 육군 수도사단에 입대하였다가 포로가 되었습니다.

아버지는 기차 화물칸에 실려 함경북도 끝단의 탄광에서 발파공으로 살았습니다.
얼굴이 얽은 정순국과 살림을 차렸습니다. 내 어머니입니다.
작업모 대신 면사포 쓰고 탄광 막사 모포로 달디단 첫날밤을 청했습니다.
가끔 상상해 봅니다.
그때 어머니의 꿈은 무엇이었을까.

스물네 시간 3교대 탄광에는 목표치가 있는데 아버지가 못 채우면 가족이 채워야 합니다.
언젠가 어머니가 아버지 대신 처음 석탄 캐던 날을 잊을 수 없습니다.
탄광이 아니라 두더지 굴이었습니다.
껌껌한 구멍으로 기어가야 했으니까요.
어머니는 내게 "나처럼 살지 말거라."
그러면 다시 묻곤 하였습니다.
"저는 커서 무엇이 될까요?"
어머니는 지친 표정 가득히 "이담에 크면 알겠지."
궁금했습니다. 나는 커서 무엇이 될까.
오늘이 아니었음 좋겠다!

고된 노역을 못 견딘 아버지는 목탄(木炭) 굽는 일을 하게 되었습니다.
함북 회령군 깊은 산속에서 혼자 밥 먹고
혼자 나무 베고 혼자 목탄 굽기란 여간 적막하지 않았습니다.

아버지는 열흘에 한 번씩 집에 왔지만 점점 말씀이 없었습니다.
아버지에게 물어보았습니다.
"제 앞에 무엇이 있을까요?"
나를 빤히 쳐다보았습니다.
"이담에 크면 알겠지."

아버지는 집에 와도 쉴 틈이 없었습니다.
집보다 먼저 당(黨)으로 뛰어갔습니다.
그리고 곤죽이 되어 돌아왔습니다.
늦게 잠자리에 든 아버지께 물었습니다.
"커서 무엇이 될까요?"
아버지는 한참 지나도 아무 말씀이 없었습니다.

어느 날 아버지가 쓴 〈생활 총화록〉을 읽었습니다.
〈생활 총화록〉은 아버지가 당에 보고하는 일기입니다.
하루도 빠짐없이 써야 하는 어른들의 딱딱한 반성문이었습니다.
 아침에 일어나 나무 몇 그루를 베어 가마에 넣고, 몇 시 몇 분에 숯막에 갔는지가 다 적혀 있었습니다.
 담배를 몇 대 피고 무슨 생각을 하였으며 어느 구릉지를 쏘다녔는지가 적혀 있었습니다.
 나는 물었습니다.
 "왜 이런 시시콜콜한 이야기까지 쓰나요?"
 아버지는 평생 처음 뺨을 때렸습니다.
 나는 속으로 외쳤습니다.
 오늘이 아니었음 좋겠다!

하루는 아버지가 숯막에서 곰을 보았습니다.
무서워 덫을 놓았더니 이튿날 곰이 잡혔습니다.
아버지는 헐레벌떡 달려와 당에 신고하였습니다.
칭찬은커녕 보호동물을 죽였다고 혼이 났습니다.
아버지는 터덜터덜 힘없이 산으로 올라갔습니다.
며칠 뒤 학교에서 간부의 아이들끼리 나누는 곰고기 이야기를 들었습니다.
아버지가 불쌍해 한참을 울었습니다.

어느 날 아버지는 나지막이 고백하였습니다.
고향이 남한이며 그곳엔 할머니도 아버지의 여동생도 살고 있다는 것이었어요.
아버지가 국군포로란 사실을 처음 알게 되었습니다.
아버지는 "누가 6·25 전쟁을 일으켰지?"하고 묻길래 당연히 "미국 놈!"이라고 했습니다.
아버지는 "네가 태어나기 전, 미국 편인 국군 때문에 나를 밉게 본다"고 하였습니다.
아버지는 신신당부하였습니다.
"그러니, 어딜 가도 불평 불만 말고 잠자코 있거라."
나는 심각한 고민에 **빠졌습니다**.

시간이 흘러 학교를 졸업하였습니다.
여군이 되고 싶었고 대학에 가서 체육을 배우고 싶었습니다.
체육학교에 지원서를 냈지만 받아주지 않았습니다.

나는 점점 외톨이가 되었습니다.
커서 무엇이 될까 생각하니 휴~ 한숨이 나왔습니다.
혼자 속삭였습니다.
오늘이 아니었음 좋겠다!

옥수수를 가공하는 공장에 나갔습니다.
옥수수엿을 달이는 증기에 손을 데어 흉터가 남아 있어요.
곡식이 없어 공장이 돌아가지 않았습니다.
건설현장 인부로 벽돌 나르고 시멘트 개는 일을 하였습니다.
커서 무엇이 될까
라는 질문을 다시 하지 않았습니다.

열여덟과 열아홉 사이를 지나던 어느 날
나는 점심을 먹다 말고 벌떡 일어섰습니다.
무슨 특별한 사연이 있었던 것도 아닙니다.
공사장 간이식당과 마을을 지나 개천을 넘고
다시 높은 산을 넘어 두만강을 건넜습니다.
아버지 어머니와 한마디 상의도 없었습니다.
나는 오래 오래 걸었습니다.

중국과 태국의 한국대사관을 거쳐 한국에 왔습니다.
대한민국 국민이 되었습니다.
아버지의 남쪽 고향을 찾아가게 되었고
고모를 만났으며 할아버지, 할머니 산소도 가게 되었습니다.
열심히 일해 돈을 모았고 탈북한 동포와 만나 결혼식을 올렸습니다.

드디어 나도 엄마가 되었습니다.

어느 날 어린 딸이 물었습니다.
"나는 이담에 커서 뭐가 될까요?"
깜짝 놀랐습니다.
딸이 "엄마도 꿈이 있었나요?"라고 다시 물었습니다.
그날 밤 아버지가 꿈에 나타났습니다.
아무 말 없이 나를 바라보았습니다.
그 서늘한 눈빛 때문인지
몇 달 뒤 북한을 드나드는 브로커와 함께 다시 두만강을 넘었습니다.
아버지는 세상 사람이 아니었습니다.
딸의 혼수로 마련해 둔 옷과 그릇을 콩 한 되로 바꾸어 한 끼 열 알씩 먹었지만 허기를 채울 수 없었다고 합니다.
돌아가시기 전, 먹을 게 없어 오물찌꺼기를 먹어 얼굴이 퉁퉁 부었다는 이야기도 들었습니다.
어린 시절 꿈이 다시 떠올랐어요.
오늘이 아니었음 좋겠다!

유해라도 모셔야겠다는 생각에 아버지 묘를 파헤쳤습니다.
뼈와 살은 아무리 비닐을 싸도 냄새가 사라지지 않았습니다.
두만강을 다시 건너오다 중국 공안에 잡혔습니다.
국경 초소로 끌려갔을 때 꾀를 내었습니다.
아버지 유해 일부를 떼어내 땅속에 몰래 숨겨두었어요.
한국영사관에 도움을 청하니 아무 소식이 없었습니다.

결국 아버지를 빼앗기고 말았지만 감춰둔 유해를 수습할 수 있었습니다.
아버지 몸이 공항 검색대를 지나던 순간을 잊을 수 없습니다.
대전 현충원에 안장하던 날도 잊을 수 없습니다.
기쁨은커녕 북한 사투리 억센 구개음으로 울었습니다.

나는 아직도 꿈을 꿉니다.
그러나 딸이 말합니다.
"엄마는 이미 폭삭 익었다구!"
빙그레 웃습니다.
북한에 있는 동생 가족을 데려오고 싶습니다.
그게 나의 꿈입니다.

어젯밤 꿈을 꾸었습니다.
두만강 건너 높은 산을 넘고 개천과 마을을 지나
다시 고향을 찾아갑니다.
매일 가슴이 부풀어 오릅니다.
오늘 아침 딸이 물었습니다.
"커서 무엇이 될까요?"
딸을 와락 껴안고 말았습니다.

제4부

바다 복사기

문장을 보여주면 당신은 파랑을
보여주지 찰랑찰랑 바다가 한평생
쏘다닌 너덜너덜한 문장
정련하지 왼쪽에서 오른쪽 끝까지
조각난 바다 얼핏설핏 보여주며
파란 불꽃
단단한 문장으로 토해내지

-'바다 복사기'중에서

겨울, 러시아 난장 읽기의 괴로움[9)]

구빈원

중늙은이가 있고 구걸하는 죄수들이 구부정하게 서 있다. 먹을 양식은 죄수들 몫이다. 한 번씩 패대기치는 주사위처럼 깡통이 춤을 춘다.

큼직한 통나무집은 술집 겸 여관. 입구에 매달린 커다란 오크통이 목조 계단을 구른다. 여관 맞은편은 구빈원. 언제부턴가 시체안치소로 쓰인다. 임자 없는 주검들이 아무렇게나 누워 있다. 종지기는 주검을 가져가라며 소머리만한 종을 친다.

통나무집과 네글린나야 江

꽝 꽈광, 가난한 직공과 과부 마부의 집에서도 그놈의 마른 종소리를 들을 수 있다. 종루를 중심으로 미로처럼 늘어선 통나무집들은 소음 진창이다. 겨울이면 소음이 불로 변했다. 스토브는 있어도 굴뚝이 없었다. 때로 시가지 전체가 화염에 휩싸였다.

네글린나야강은 통나무집들을 끼고 흘렀다. 강 주변 공중 사우나탕이 연기를 뿜었다. 땀에 젖은 욕객이 김이 꽉 찬 욕실에서 뛰쳐나와 눈 속을 뒹굴었다. 할 일 없는 노점상이나 지나가던 탁발승도 알몸을 거들떠보지 않았다. 누구도 낙천적이거나 미치지 않았으니까.

---

9) 《RISE OF RUSSIA》(한국어판), TIME LIFE BOOKS 편집부, 1979년 초판

문학의 序

스스로 악한이 되고자 슬라브 알파벳을 고안해 대하소설을 지었다. 정복자, 이상주의자, 사기꾼, 탐욕자의 일상을 글로 남겼다. 대개가 중상모략의 의심 많고 잔인한 문장으로 채웠다. 아무렇게나 먹고 마시다가 약간의 진실이 들어 있다는 사실에 광분했다.

몇 가지 진지한 질문을 바실리 대성당 앞에 던져보지만 시원한 답을 못 찾았다. 결국 술을 잔뜩 마셔야만 했고 고집스런 악한이 되어갔다.

도스토옙스키의 서재

페테르부르크의 방은 한기로 터질 듯하다. 주사위 놀이에 대한 책들이 꽂혀 있다. 활자로 찍힌 벌레들이 화물선 선실 창을 곁눈질하듯 기웃기웃 돌아다닌다. 여기저기 남의 문장을 열람하고 학술원 보고서 같은 고약한 인생을 들춘다. 아무래도 너무 춥다. 석탄 찌꺼기라도 있으면 좋으련만. 문장이 얼어붙을 것 같다.

젠장, 이럴 바에야 다시 책속에 틀어박히는 게 낫겠군. 주어와 동사, 목적어와 부사, 서술어와 감탄사가 뒤엉켜 난장 같다. 관자놀이에 귀밑머리가 나부끼듯 어지럽다. 사실, 문장이 엉망이 되든 말든 무슨 상관이람. 당 간부들은 책 한 번 펴보지 않는데.

바다 복사기

문장을 보여주면 당신은 파랑을
보여주지 찰랑찰랑 바다가 한평생
쏘다닌 너덜너덜한 문장
정련하지 왼쪽에서 오른쪽 끝까지
조각난 바다 얼핏설핏 보여주며
파란 불꽃
단단한 문장으로 토해내지

간혹 15소년 표류한 먼 바다
피쿼드 호를 삼킨 모비딕의 창자가
당신 문장 조롱하지
때마침 등이 뾰족한 상어
악당 말투 흉내 내며
복사기가 건질 수 없는 바다로
납치하지 그곳은

바다가 인화 못한 심해의 바닥
스스로 빛을 밝힌 활자가
숨죽이지 왕소금에 엎딘 간고등어 마냥
두꺼운 안경 벗고
겁에 질린 듯 칭얼대며
버캐 낀 지느러미로
절망하지

명작 소설
- 미국으로 입양 가는 은영이에게

　석탄 기차 속도처럼 느리고 불리한 싸움의 시작이지만 가장 우아한 자세로 살아야해 멍 잘 드는 협수룩한 피부, 눈은 부리부리 의심 던지며 하느님 목에 팔 두르는 간절함으로 버티는 거야 사실 얼굴 가린 손가락 틈새로 영수증과 잔액 건네는 고약한 셈, 이미 치른 거야 필사적으로 용서 구하지 않아도 먼 길 달려온 것쯤 누구나 알잖아 넌 태어나자마자 운명을 지배하는 소설가가 된 거지 장중한 비극 옥죄는 플롯을 일찌감치 간파한 거야 습작시절 없이도 결어 속에 번뜩이는 슬픔, 3중 잠금장치로 숨겨두는 솜씨야 '냉소적인 급습' 같은 장치는 식은죽 먹기지 하지만 너는 언제나 해피엔딩을 꿈꿔 눈보라 속 고향집 창문을 통해 너를 셈한 가족들의 단란한 저녁을 지켜보는 거야 그리곤 문 두드려 이제야 돌아왔다 나쁜 꿈꾸다 돌아왔다 외치는 거야 그리곤 만약 인생이 불쏘시개마냥 극적이지 않았다면 식탁의 뾰족한 모서리에도 못 낄 뻔했다고 하하하 크게 웃는 거야 뒷북치는 평론가들, 이 명작소설이 너무 아름다워 뒤에 쓸 소설을 감히 예고하지 못한다고 말할 거야

내셔널지오그래픽

　니 모가지 꽉 따버릴거야 요, 작은 악마 같은 비린 것들! 발목에 꽁꽁 언 진흙 족쇄 차고 칼바람 부싯돌에 몸 맡긴 꼴이라니 아직도 새벽이면 얼마나 추운지 부들부들 이 갈고서 성당 뾰족 지붕 위 태양만 발 구르며 쳐다보네 풀 죽은 얼굴 무기력한 눈빛으로 이불 쓰고 벌벌 떠는 녀석아! 약속 어기면 벼락 맞아도 좋다고 맹세해! 3월이면 반드시 뻣뻣한 씨방 마비된 심장 열어 개구리 뱀장어 펄쩍 뛰듯 봄을 불러야해 그리고 다시 다리 질질 끌고 단두대로 올라가 붉은 목련 선혈 쏟으며 한잎 두잎 봄을 적시는 거야 온갖 쇠사슬 주렁주렁 달린 겨울 형벌 떨어내고 으스스 오싹한 잿빛 옷 벗는 거야, 냉큼

동(東)에 번쩍 서해(西海) 번쩍

아하, 아찔한 사랑 말인가요? 심장 안에 풀어놓은 전기가오리를 보아요 가끔 뼈마디 비추는 5만 볼트 번쩍번쩍 감전된 사랑이 두꺼비집 열어요 가오리 한 마리 발정이 나면 찌릿찌릿 5만 마리 새끼가 뒤를 따라요 들쑥날쑥 이빨 싱긋 보이며 먹다 남은 살인 미소 띄우죠 간혹 사랑이란 벌채용 손도끼를 높이 던졌다가 두 발로 받는 가슴 철렁한 묘기죠 우울한 날에는 도끼를 던져놓고 앗싸 가오리! 춤을 춰요 어차피 사랑이란 서툰 곡예 아닌가요? 일부러 눈썹 빡빡 밀거나 담뱃불로 머리통까지 홀라당 태우잖아요 매일 밤 5만 마리 젖비린내가 천공에 막혀 별빛으로 쏟아져요 여기저기 별자리 돌아다니며 찌릿 비릿한 젖빤답니다 감전된 전갈사수 바들바들 떨며 못다 이룬 사랑을 노래해요 먹구름 양은대야 우레를 두드려 여름밤 질펀한 소나기가 되지요 내 사랑 앗싸 가오리! 동(東)에 번쩍 서해(西海) 번쩍

15소년 표류기

떼로 몰려다니는 개들 있잖아
어딜 돌아 다녔는지
온통 벌레 물린 종아리
발바닥에 눌러 붙은 비둘기 똥
목소리는 기차 화통 같은 애들 말이야

뒷짐 지고 뚱한 표정 짓고서
한 놈이 머리 긁적이면 앵무새처럼 따라해
뭘 먹었는지
덜 여문 꿈이라도 삼켰는지
비린 입 냄새가 고약해

발소리 죽이고 살금살금
운동장 뒤로 숨어 다니며
시침 뚝, 도둑고양이
분필가루 흰개미떼
잃어버린 실내화의 꾀죄죄한 영토
고삐 풀린 천방지축들!

한번은 일렬횡대로 서서 바지 까고
구불구불 오줌 지리잖아
지나가던 선생님 입이 쩍 벌어졌어
녀석들, 우줌이 그려놓은 표류지도 앞에
머리 맞대고 앉아 중얼중얼

이 빠진 채석장
먼지 날리는 천변 옆에다
오리발 수영모 쓰고
뗏목 부리는 녀석들, 뱅글뱅글
풀씨처럼 떠돌 인간 시한폭탄이야!

100톤 폭탄으론 어림없어
지구 두 동강 내는 원폭 터뜨려도
날 잡수서 하는 표정으로
꿈 몰고 다닐
어휴, 지겨운 15소년

꿈꾸는 섬, 라퓨타를 찾아서
- 사춘기 딸들에게

해부용 망치로
네 머릿속 열어보면
아직도 멀리 날아가는 하늘이 있을 거야
산에서 내려오는 목동처럼
푸른 하늘이 하강기류 타고 내려올 거야
너는 미운 세 살 엔진처럼 툴툴 거리며
피리구멍 누르듯
비둘기 똥 표지 따라
뜨거운 하늘 끌어안을 거야

눈 감으면 영문 모를 기류가 곤두박질치지만
너는 갑오징어마냥
밤하늘 푸른 대문 출렁이며
그래, 날아올랐던 거야
혹시나 아찔한 상상이 가슴 졸이게 했을지 몰라
쉿! 눈이 간장종지처럼 커질
삼촌, 이모에겐 아직 비밀이야
톡 쏘는 푸른 물감
오직 너만 홀짝 마신 거야

간혹 고삐 풀린 양초빛 새떼들
팔랑팔랑 헤엄치고
고래기름 부은 번쩍번쩍 번개가
태평양 건너
구름 울타리 건넜던 거야

문득 새떼들의 나비 지느러미
달빛에 엉키고
힘이 잔뜩 들어간 날개에 쾅!
물결무늬 소인이 찍힌 거야

밤 열한 시경, 편대로 떨어지는 별똥별
너는 처음으로 울었던 거야
별이 하늘을 치받고
네 머리를 치받고
눈과 심장에 박혀
뜬 눈 불덩이가 되었던 거야

그리곤 비행기가 화염에 휩싸인 사실, 알았던 거야
통신이 두절되고 동체가 불 타
다시는
날 수 없다는 걸 깨달았던 거야
수신기에서 들리던
늙은 관재사의 음성도 영영
길 잃고 헤맸던 거야

하지만 다시 생각해 보는 거야
네 머릿속에 담긴
아직도 빛나는 푸른 은하(銀河) 떠올려 보는 거야
베개 위에 뿌려진 밤하늘 들추는 거야
커다란 호기심 어리광처럼 깨우는 거야

그러면 어느새 불 탄 수신기에서
따뜻한 잡음 들리고
멈춘 압력계가 바르르
오일이 뜨끈뜨끈해지는 거야
그런 희망에 얼굴이 발그레 달아오르는 거야
다시 뭉게구름 요새처럼 피어나고
거대한 익룡 자글자글 화석에서 솟구쳐
굽이굽이 푸른 궁전 찾아가는 거야

나는 반달곰이로소이다
- 사춘기

가슴에 미운 세 살 부메랑이 다시 박히다
태권V처럼 오랑우탄 젖꼭지같이 가슴이 커지다
입을 헹구어도 단내가 진동하다
비 오는 날 플라스틱 칼을 들고 첨벙첨벙 웅덩이만 밟다
엄마에게 버럭 대들고 집 밖 야생 리얼리티로 귀환하다
PC방에서 붙잡혀 온종일 뭉툭한 두 손 들다
꾸벅꾸벅 눈꺼풀이 땅콩 껍질처럼 붓다
거짓말 지어내기 주문을 저절로 외우다
자주 두 볼이 반달처럼 발그레 달아 오르다
그 애 앞에서 괜히 얼음 땡을 외치다

백설 할멈과 야근조 난쟁이들

독 사과 베어 문 태양이 짜잔 하고 나타나요
꽁꽁 언 발목엔 납덩이 얼음사과 천근만근
가난한 마법은 주문이 없답니다 제비 잘못
뽑거나 올려볼 고깔지붕, 오신다던 비단구두 없어요

행길에 늘어선 야근조 동글 납작 난쟁이들
어제는 퇴역한 김상사, 출출한데 포장마차
오늘은 배관공 왕자님, 손차양을 하고 있죠
높다란 성탑의 공장굴뚝 위로 펄펄 함박눈이 내려요

에구머니나

구멍 난 맨홀관 아래로 백설할멈 넘어져요
지나던 노새는 까르르 손북 치며 노래하고
작업반 로봇은 자꾸만 멈춤 버튼 누르는데
눈 깜짝 할 사이 누런 이가 번쩍하고 금단추가 되지요

시인 고백 / 나의 시 쓰기

분지(盆地), 교리문답 애송이, 굶주림, 초 한 자루의 불(火)

김태완

1. 훨씬 암울하고 어두운 이야기를 내 문학에 담을 수 없었다.
내 문학은 성역(聖域)이니까. 길에서 만난 소매치기 이야기를 담을 수도, 집주인의 폭력 같은 이데올로기 갈등도, 이루지 못한 꿈을 투영하는 욕망의 문제도 담을 수 없었다.
아무 것도 쓸게 없었다.

2. 나는 깨달았다.
레이 브래드버리(Ray Bradbury)의 말처럼 '삶을 잘 꾸려나가기 위해서는 어두운색 공들 사이에 밝은색 공을 던져 넣어, 여러 진실을 뒤섞어야 한다'고. 마치 소설 속 끔찍한 일들을 견뎌내기 위해 아름답고 지순한 희생양을 그려 넣듯이 말이다. 그런 상상력, 비유를 꿈꾸었다.

　사실 너무나 모른다
　넌 누구냐
　고 당신이 먼저 물으셔도
　저는 아무 것도 모릅니다 그저 교리문답 애송이
　소모전에 적합한 병사니까
　-졸시, 「세르반테스의 끔찍한 연서(戀書)」 중 일부

3. 이 대목에서 아버지 어머니의 이야기를 해야겠다.
두 분은 내 이데아와 감성의 전부이자 상상력의 일부이니까. 아버지는 융통성 없고 정직했으며 과묵한 분이셨다. 유년을 거치며 이런 분에게 사랑 받기란 무척 어렵다는 사실을 깨달았다. 허세를 부릴 줄 알았다면, 아버지는 좀 더 생을 즐기셨을 테지만 관찰자인 아들이 바라보는 아버지는 그러지 못하셨다. 정치학과를 다니셨던 아버지는 묵직한 의회주의자셨기에 누구에게 특정 후보의 지지를 권유하거나 암시한 적이 없으셨다. 모든 아버지가 그러하듯 내 아버지도 '갓 파더'였다. 당신의 산이 너무 컸다.

4. 그러나 나는 아버지에게 그리고 엄마에게 '굶주림'을 느꼈다. 인내하고 감탄케 하며, 마음을 쓰고, 착한…, 이런 단어들이 삶을 풍성하게 만들지만 절실한 정서적 '굶주림'을 체험한 사람만이 공유할 수 있는 역설적 가치였다. 그런 '결핍'에 취해, 엄마는 종종 어디로 갈지 길을 잃곤 하셨다. 그 방황의 절반은 가난, 나머지 절반은 가난의 문제가 아니었다.

5. 엄마는 자신의 과거를 한 번도 아들에게 공개한 적은 없으셨다. 무언가 늘 과거의 '결핍'을 숨기는 듯 보였다. 그 '결핍'이, 어떤 과거인지 매우 궁금했다. 그러나 엄마는 가끔 '결핍'을 간단히 뛰어넘으셨는데 정말 마음을 울리는 섬세한 말솜씨를 지닌 탁월한 시인이셨다. 나는 엄마와 말싸움을 할 때도 속으로 '엄마 잘못했어!'를 외쳤다. 나의 말싸움은 '어거지(억지)'가 되어갔다. 이후에는 입을 닫았다. 기꺼이 말 없는 아이가 되었다.

6. '뮤즈를 먹이기 위해서는 어릴 때부터 항상 삶에 굶주려 있어야 한다.' 레이 브래드버리의 말이다. 훗날 이 문장을 읽고서 부모님의 '굶주림'과 '결핍'이 떠올랐다. 고백건대 나는 당신의 '결핍'과 '굶주림'을 점점 닮아갔다.

6-1. 분지(盆地)라는 공간에서 태어났다.
여름은 너무 더웠고 겨울은 너무 추웠다. 주위는 산지로 둘러싸여 있었다. 신천(新川)이란 강물은 늘 말라 있었다. 자존심이 센 사람들,

등이 굽은 학자연한 사람들, 변화무쌍한 구름, 서녘 붉게 타던 저녁 노을, 해태타이거즈에 늘 패하던 야구, 거친 사투리와 지나친 간섭, 노골적 무관심, 외골수, 반골, 곱슬머리의 도시였다. 혹자는 동종교배의 도시라고 했다. 숨 막힐 것 같은 곳에서 탈출을 시도했으나 뜻대로 되지 않았다. 점점 나이가 들면서 이곳에 시인들이 우글거리는 이유를 알게 되었다.

> 아버지 어머니 당신의 중년이나 누이와 나의 유년은
> 우울한 분지의 하늘, 옥쇄장이 쳐놓은 그물처럼
> 낮은 몸부림만 쳤습니다
> -졸시, 「그리운 삭신, 가족」 중 일부(1991년 시문학 전국대학생문예작품 입선작)

7. 그 무렵 나는 책을 읽었는데 미국 서부 텍사스의 광활한 늪지대(모기떼가 득시글거리는)와 거대한 사막과 찌를 듯한 태양, 수십만 에이커의 선인장에 대한 묘사를 읽곤 머릿속에 그려보곤 했다.
넓은 대륙을 마냥 동경한 것은 아니나 우리집의 현실은 적막했다. 작은 집, 주머니는 늘 비어 있었다. 메마르거나 두렵던 기억이 없지만 화사하고 즐거운 기억도 없는, 늘 허기진 진공상태가 이어졌다. 어쩌면, 이 진공 상태가 나도 모르게 글을 쓰게 만들지 않았을까 생각해 본다.

7-1. 시선을 돌리려 애쓰지 않았다,
조금씩 남겨두었다,
숨을 참고서 지켜보았다,
느슨한 규칙이 좋았다,
머쓱한 표정으로 어깨를 들썩였다,
하지 말라고 꾸짖는 말이 싫었다,
밤마다 이를 갈았다,

이런 문장들이 연상하는 생활을 하였다고 생각하는데, 난 점점 남들과 다른 삶, 남들이 쓰지 않는 문장(文章)으로 살고 있다는 생각이 들었다. 내면 깊이 묻어 둔 규칙이 있다고 생각했고, 필요할 때마다 규칙들을 불러냈는데 그 규칙이 무언지 지금은 알 수 없다. 아리송하다. 알아도 모른 척하기, 잘난 척하지 않으려 억죄기, 안 아픈 척 도망치기, 바싹바싹 말라도 무덤덤한 척하기, 노래를 엉망으로 망치기, 큰 소리로 말하지 않기 등인지 모른다. 내가 대학에서 심리학을 배우면서 이런 규칙들이 건강하지 못한 구획짓기라는 사실을 알게 되었다. 너무 늦게 알았지만 어찌하랴. 잃는 것이 있으면 얻는 것도 있으니까.

8. 고백한다. 나에게도 영지(領地)가 있었다.
어여쁜 내 농노들이 사는 집들이 옹기종기 붙어 있고 나를 지켜줄 성이 있으며 그 성을 배경으로 덩굴장미와 빨간 동백이 빛나고 있었다. 그 성의 주인은 오로지 나였다.
하지만 나는 성주이면서 '주의! 개 조심!'의 경고문에 화들짝 놀라는 행인이었으며 비탄에 빠진 패배자이면서 굴곡을 비켜설 수 있는 장대높이뛰기 선수였다. 나는 꿈을 꾸었고, 신병 훈련소조차 거부한 꿈의 원석이었다.

9. 그 무렵 다시 결심했다. 글을 쓰면서 살리라 다짐한 것이다.
사범대에 진학했지만 국어교사의 길을 택할 수도 있었으나 저널리즘 글쓰기로 다가섰다. 그런 글쓰기는 좀 더 자신을 옥죄어야 하고 뜨거운 심장을 무미건조하게 만들어야 한다. 그런 건조한 글쓰기 훈련을 오래 받았다. 어느덧 나의 시심이 점점 메마른 땅으로 변해 감을 느꼈다. 녹음이 무성했던 마음의 정원은 초라해져갔다.

  사각으로 얇게 누른 신문 속에
  개가 발바닥을 핥으며 접혀있다
  목이 쉬어 컹컹 단음절 외마디뿐

사회부장은 늘 이런 식이다
개가 사람을 무는 게 무슨 기사야
사람이 개를 물어야 해 그게 기사야
맙소사, 부장이 신문 속에 납작 엎딘 개들을 불러 모은다
-졸시, 「기사작성론-취재수첩」 중 일부

10. 레이 브래드버리의 말처럼 '글쓰기는 때로 얼음보다 불'이 필요했다. 딱히 큰불일 할 필요는 없다. 작은 불꽃, 촛불이어도 좋았다. 밋밋한 시 쓰기, 촛불 한 자루 만큼도 안 되는 글은, 글이 아닐지 모른다. 엉망이 된 시 앞에서 간절히 소망했다. 초 한 자루만한 무게라도 갖게 해달라고. 나는 정말이지 좋은 시를 쓰고 싶었다. 노트북 자판 위에 퀸의 노래 〈Another One Bites The Dust〉처럼 '한 놈씩 나자빠지는' 글을 쓰고 싶었다.
내 능력이 터무니없다는 사실을 알면서도 말이다. 다행스럽게도 지난 2017년 《시문학》이 희미한 빛을 선사했다.

10-1. 시 쓰기란 뭘까. 정말 시는 인류가 낳은 가장 위대한 언어라고 생각한다. 어쩌면 뮤즈의 언어, 신(神)의 언어일지 모른다.
아무리 성격이 괴팍하고 곧잘 상대를 혼란에 빠뜨리는 사람도 조금만 깊이 대화하면 뜻밖의 이야기를 들을 수 있다. 그리고 그(그녀)는 아주 작은 질문에 진심을, 진실을 꺼낸다. 그때의 말은 정말이지 시다. 놀랍게도 그 시는 너무나 아름다워 내 귀에, 눈에 담을 수 없다. 그런 글을 쓰고 싶다. 한여름 밤의 꿈일지라도.

해설

해설1
감정의 어둠 속에 승화된 상징적 고뇌
- 채린 시인

해설2
구수한 재담꾼의 말솜씨와 풍자
- 이희국 시인 · 한국비평가협회 이사

해설1 감정의 어둠 속에 승화된 상징적 고뇌

채린 시인

　지도교수가 호킹에게 말한다. "자네 논문은 너무 훌륭해. 이제 그대는 무엇을 할 것인가?" 그러자 호킹은 "타임"이라고 대답한다. "'시간의 시작'을 증명해 보고 싶다"는 것이었다. 그렇게 해서 호킹의 그 유명한 '시간의 역사'는 쓰여 졌고, 그것은 세계인의 뇌리에 엄청난 영혼의 파장을 일으킨다.

　어느 날 김태완 시인의 작품이 내게로 왔다. 그날 김태완 시인의 작품을 처음 접했을 때, 순간 나의 뇌리를 스친 것은 바로 호킹의 영상이었다. 그의 번뜩이는 수많은 작품들이 비무장 된 내 영혼의 급소를 단숨에 찔러버렸다. '4월의 썩은 홍어냄새'가 진동하는 세상을 향해 던지는 그의 메시지는 충격적이었다. 지금까지 보아왔던 여느 시인들의 목소리와는 전혀 다른 색깔로 프라하의 점령군처럼 내 가슴으로 밀려왔다.

　잠시 후 나는 정신을 가다듬고 처음부터 다시 그의 작품을 천천히 응시하기 시작했다. 가볍게 때로는 한없이 무겁게 내 모든 말초신경을 짓누르는 통증의 근원은 무엇인가. '이기적인 금연초'가 가득한 부조리한 세상을 향해 그가 절규하는 메시지는 과연 무엇인가. 그러나 그 의문부호들의 퍼즐을 풀어나가는 데 내겐 그리 오랜 시간이 필요하진 않았다. '테스 형'처럼 알 듯 말듯 한 핏빛 절규가 내 뇌리의 어두운 감성의 회로를 지나며 온몸을 전율케 했다.

　삭막한 감성의 어둠 속에서도 강렬하게 빛나는 그의 수식어들이 사방에서 네온플렉스처럼 번뜩인다. 그의 눈빛에 걸려있는 수많은 상징어들이 끝도 없는 생각의 분자들을 만들어낸다. 그러나 작품마다 직선으로 흐르는 그의 이성은 너무나 선명했고, 곡선으로 흐르는 저들의 속물적 감성들을 일격에 초토화시키고 있었다. 칼끝 같은 날카로운 그의 이성은 위선으로 타락한 세상의 눈을 자비없이 도려내려 한다.

김태완 시인의 이런 퍼포먼스는 신문기자라는 그의 직업적 습성과도 무관해 보이지 않는다. 그의 작품들을 대하노라면 우린 비굴하게도 저마다 굴절된 마성(魔性)의 본능을 숨기며 치졸하게 살고 있는 건 아닐까 하는 생각마저 들게 한다. 어쩌면 허영의 시대에 살아가는 타락한 이성적 존재가 되지 않기 위해서라도 냉철한 눈으로 우린 그의 작품을 음미해 볼 필요성을 느끼게 한다.

문학이란 무엇인가? 이 명제에 대해 아직까지 명쾌한 해답을 제시한 철학가는 없다. 하지만 우리의 피부를 떠난 영혼의 공간에서 숨쉬는 지순한 예술의 세계임에는 틀림없다. 그것은 인간의 내면의 영혼을 흔들어주기 때문이다. 영혼은 초월적 세계다. 그곳에는 저마다의 고유한 영역을 가지고 있다. 그러기에 김태완 시인의 작품 속에서도 그만이 갖고 있는 특별한 색깔이 존재한다는 것은 당연하다. 바로 이 점이 김태완 시인을 차원이 다른 이미지로 각인시키고 있다. 어찌 보면 고독한 이방인처럼 보이는 그의 문장들 그러나 그는 결코 천박한 신비주의적 냄새를 풍기지 않는다.

그래서 만약 그가 여느 작가들처럼 표현적 프레임이 상습적인 진부한 패턴이었다면 우리는 금방 그의 메뉴에 식상해버렸을 지도 모른다. 하지만 그는 자신만이 갖고 있는 독특한 미학적 감성의 색채를 가지고 우리들의 시선을 빼앗고 있는 것이다. 그러기에 그의 작품 속에 흐르는 그 독특한 이미지들은 우리들의 뇌리에서 쉽사리 사라지지 않는다. 그것들은 어느 특정한 작품에만 한정하지 않고 있다. 그의 고귀한 시(詩)정신세계가 모든 작품 속에 응축되어 그가 지향하는 세

게를 향해 강렬한 이성의 불꽃으로 타오르고 있다.

작품 속에 흐르는 시니컬한 작가의 시선도 퇴폐적인 습성에 젖어 있는 굴절된 군상들에 대한 단순한 패러디가 결코 아니다. 거기에는 패러디 그 이상의 냉철한 인식이 숨어 있음을 감지하게 한다. '습지 동물들의 언어'처럼 다른 언어로 들린다는 그의 감각은 이미 대상을 바라보는 피사체에 대한 시각이 얼마나 차별화된 조명인가 하는 것을 한마디로 보여주는 예다. 바로 이런 독특한 시적 감각이 김태완의 작품들 속에 농밀하게 스며들어 있다. 이런 모든 것들이 그에게 아주 특별한 시각 속에서 연속적으로 반응하고 있다.

시 〈세르반테스의 기막힌 연서〉를 읽으며 세상이 풍차처럼 단순히 공회전하는 삶이 아님을 알았을 때, 우리도 어쩌면 지적 무신론자처럼 타락하며 독선적인 길을 걸어가고 있는 지도 모른다는 자학적 인식에 눈을 뜨게도 된다. 〈수궁가…〉에서처럼 언제 '간을 지우고 쓸개를 버려야'될 시간이 오는지도 자성해보게 되고, 신문 1면을 장식한 '더러운 수캐에 대한 심층보고서'를 대하면서 '병든 개에 열광'하는 나락의 끝에 선 이 미친 사회를 외눈으로 바라보아야 한다.

이렇듯 김태완 시인의 작품 속에는 수많은 철학적 사유가 우리들의 뇌혈관 속으로 깊숙이 침투해 삶의 상흔처럼 유영(遊泳)한다. 김태완 시인의 눈과 가슴으로 피어오르는 다양한 퍼포먼스들이 시(詩)라는 리듬으로 옷을 갈아입고 세상에 말을 건네는 것이다.

김태완 시인은 비록 노예가 된 플라톤의'좌절한 이상 정치'가 아니라, 지성도 감성도 깊이 잠들어 있는 시기에 이 한편의 시집을 통해 모든 이들의 가슴을 흔들어 놓기에 충분한 색깔을 보여주고 있다. 그렇다고 김태완 시인의 작품들이 결코 속물주의적 근성의 향수에 젖어 값싼 감상의 바다에서 허우적거리거나, 모순과 파괴적 어법으로 우리들의 시선을 자극하려들지도 않는다. 그는 오로지 자신만의 갖고 있는 독특한 시적 표현으로 자신의 작품 세계를 끝없이 창조해나가고 있음을 냉혹히 보여주고 있을 뿐이다.

우린 어쩌면 진화한 영장류에 지나지 않을 지라도, '살아있는 모든 것에는 희망이 있다'는 호킹 박사의 말을 다시 기억하면서, 김태완 시인에 대한 무한한 가능성을 기대하게 된다.

해설2 구수한 재담꾼의 말솜씨와 풍자

이희국 시인 · 한국비평가협회 이사

　　김태완 시인은 청년기인 1991년 당시 대한민국을 대표하던 전국 대학생문예작품공모(시문학 주최)에 입선하였고, 1996년 대구일보 신춘문예에도 당선되는 등 일찍부터 시적 재능을 보인바 있다. 저널리스트로서 치열하게 삶의 들판을 걸어오던 시인은 20여년이 지난 2017년 다시 시문학에 응모하여 당선되었다.

　　내면의 문갑에 차곡차곡 쌓아두었던 보석 같은 언어들을 이제야 세상에 내어놓기로 결심한 시인의 글을 보며 감동과 환희를 느낀다. 섬세하고 미려한 문학적 사고를 감히 평가할 수는 없지만 오랜 필담을 서로 나누고 함께해온 동인으로써 그동안 보여준 어진 품성과 따스한 천성이 배어나는 글들을 보며 글과 행동의 일치성을 느낀다.

　　슬픔과 좌절의 시간조차도 이해와 용서의 품으로 다독이고 있는 시어에는 평범한 일상을 그려냄에도 구수한 재담꾼의 말솜씨처럼 짙은 재치와 풍자가 묻어나고 깊은 통찰이 아련하게 담겨있다.

　　반복해 읽을수록 깊은 사유(思惟)가 누에의 실같이 길게 풀려 나오며 반짝이는 것을 보며 이 실들이 이어져 언젠가는 뮤즈가 선택할 세상 유일의 비단옷으로 완성되기를 고대하며 함께 마음을 더한다.